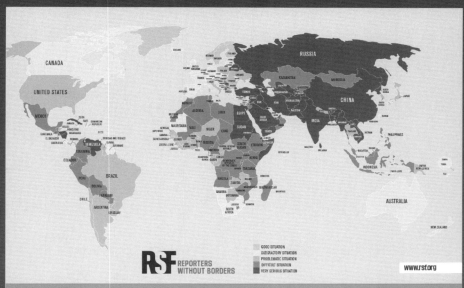

FREEDOM OF THE PRESS WORLDWIDE 2024

生涯一記者
権力監視の
ジャーナリズム提言

ASANO Kenichi　浅野健一　著

社会評論社

生涯一記者 権力監視のジャーナリズム提言
目次

はじめに ——————————————————————— 7

第Ⅰ部 職業としてのジャーナリスト ————————— 21

⑴ 生まれ変わっても、またジャーナリストになる　22

⑵ 大学生に見放される新聞・テレビ業界　24

⑶ ネット時代で激減する新聞部数　26

⑷ 入社前にジャーナリズムを学ばずに記者に　28

⑸ 法的に保障された「報道の自由」が実践されない国　29

⑹ 職業としてのジャーナリストとは何か　31

⑺ 好奇心から志した報道記者の仕事　33

⑻ ケネディ大統領暗殺報道で海外特派員に憧れを抱いた　34

⑼ 地元の新聞・テレビの腐敗を教えてくれた両親　36

⑽ 差別・戦争を嫌った母親から学んだ　37

⑾ 企業内ジャーナリストの 22 年　39

⑿「マスコミ沈黙の罪」はジャニーズ問題だけでない　41

⒀ 日本人 800 人が応援した
　バンコク「無観客試合」のウソ報道　42

⒁ 東電福島原発事件でも真実伝えず被害が増大　44

⒂ 日本は今も連合国（国連）の「敵国」　45

第Ⅱ部 キシャクラブを解体し広報センターを ——————— 47

⑴ 現代の大本営発表報道の退廃
　──法的には世界一の「報道の自由」　48

⑵「記者クラブ」を廃止し、
　広報センターを作った長野県と鎌倉市　51

⑶ 権力機構の一部になった企業メディア　52

⑷ キシャクラブ擁護論の革新系文化人は人民の敵　53

⑸ 警察に巨人・阪神戦チケット贈って
　捜査情報取った大谷昭宏氏　56

⑹ 岸田政権を支えたキシャクラブ社員記者　57

⑺ 取材・報道している「社員記者」の実態　58

⑻ いますぐ実行できるメディア改革の実行を　62

　　＊永田クラブの規約（一部略）　63

第Ⅲ部　市民に厳しく公人に優しい報道現場の劣化　67

⑴ 和歌山毒物カレー事件
　　無実の林眞須美さん支援の学習会で講演　68

⑵ 袴田巌さん再審裁判から学ぼう　74

⑶ 西山美香氏国賠裁判で山本誠証人らを仮名報道　75

⑷ 国賠裁判で「犯人と思う」暴言の
　坂本信行警察官を実名報道せよ　77

⑸ 遺族22人の匿名要請を踏みにじり
　実名報道した報道各社　80

⑹ 英米では被害者は実名というウソ　86

⑺ メディア内部の犯罪、不祥事は仮名原則　89

⑻ 自分の家族、友人だったらという想像力を　92

⑼ 黒川検事長賭けマージャンで
　仲間のキシャクラブ記者を守る検察庁　93

⑽ 元朝日記者の林美子氏の正論　101

⑾ 総務省官僚接待の菅首相長男・正剛氏の
　実名を報道しない朝日新聞とNHK　102

⑿ 大川原化工機国賠裁判で
　違法捜査・起訴と処断された国・都　105

⒀ 元裁判官の井戸謙一弁護士の「実名報道主義」批判　114

⒁ 懲りない朝日新聞の「匿名」報道嫌い　116

⒂ 大阪地検検事正逮捕、沖縄米兵起訴、キシャクラブで広報なし
　隠蔽鹿児島県警本部長　120

⒃ 半年間事件発生を隠蔽した
　　在沖米軍兵長による少女強かん　　123

⒄ 被害女性「プライバシー配慮」は
　　事件隠蔽の理由にはならない　　125

⒅ 日本の裁判所は専制国家より閉鎖的
　　──県警の米兵被疑事件秘匿が根本問題　　126

⒆ メディア責任制度を確立し、
　　事件事故報道のコペルニクス的転換を　　131

⒇ 日本会議・公安警察・松井市政の
　　集会禁止をはねのけ原爆ドーム前集会を開催　　133

(21) 81 歳 KADOKAWA 前会長が
　　捜査当局の共犯・犯人視報道を斬る　　141

(22) メディアと大学が権力を監視しない日本
　　──メディア労組と人民の連帯で民主化を　　144

資料編　　147

　　＊著者略歴
　　＊著作一覧
　　＊研究業績
　　＊ネット上で公開されている講演など

あとがき　　155

はじめに

　私の家の近くに最近、建売住宅街ができて、中年の家族が引っ越してきて住んでいるが、誰も新聞をとっていない。札幌で会った民放テレビ局のデスクは「うちの報道部の若い記者は家で新聞をとっていない」と嘆いた。一人暮らしの大学生はアパートでテレビを持っていない。私が同志社大学（京都市上京区）の大学院と学部で新聞学を教えていた 2010 年代から、下宿で新聞をとる学生はほとんどいなくなり、自宅で新聞があっても読む学生が少なくなった。新聞学（メディア学）を専攻している学生が新聞を読まないのに驚いたことを思い出した。

　日本の市民の過半数が新聞・テレビの既成メディアからではなく、インターネットやソーシャルネットワークサービス（SNS）から情報を入手している時代になった。既存メディアの改革と共に、ネット・SNS などの新興メディアをジャーナリズム活動に駆使することも重要になっている。市民が誰でも自由に意見を表明できる新興メディアは市民参加型のジャーナリズムとして期待できる。

　私は 1948 年 7 月生まれで、76 歳の後期高齢者のジャーナリストである。1972 年に大学を出て、共同通信記者となり 22 年間、ジャカルタ支局長を 3 年半務めたが、ずっとヒラ記者だった。94 年、教員公募があり、同志社大学大学院文学研究科新聞学専攻（現社会学研究科メディア学専攻）教授に転身し、2014 年に定年退職した。その後、フリー・ジャーナリストをしている。

　大学教授の間も、アカデミック・ジャーナリスト（ジャーナリズム研究と報道の仕事を同時に行う職業で海外では珍しくない）の肩

書で取材活動をしていたので、併せて52年半、記者をしてきたことになる。

　私は同志社大学（村田晃嗣学長＝現法学部教授）から定年延長拒否で不当解雇された直後の2014年7月、京都府立大学病院で下咽頭がん（ステージ2）と診断され、国立がん研究センター東病院（柏市）で放射線治療を受けて寛解と思っていた2020年3月、下咽頭がんが同じところに再発していることが分かり、同年4月に喉頭・咽頭・頭頚部食道を全摘し、小腸移植で食道を再建し、のどに永久気管孔を作るなどする8時間の手術を受けた。

　同僚の小黒純、竹内長武、佐伯順子、池田謙一各教授（バックに渡辺武達教授＝現名誉教授）は、私が職場にいることで帯状疱疹、突発性難聴を発症した教員がいるとして私を「ウイルス扱い」（野田正彰・元関西学院大学教授）した文書を教授会で配布したが、私のがん発症は、4人による解雇攻撃によるストレスと関係あると思っている。

　私は声が出せなくなり、身体障害者手帳（3級、失声）を交付された。しばらく筆談しかできなかったが、今は電気式人工喉頭を使って会話ができるようになった。ネブライザーを使った1日3回の痰の吸引があり、腸の移植での食道の再建で、飲食で飲み込みに苦労するなどの困難があるが、体の他のところは健康で、趣味のテニスを楽しみ、「無声ジャーナリスト」として活動を続けている。同志社大学の新聞学研究室は殲滅されたが、100歳まで生きて、ライフワークのマスメディア改革を実現したいと今、思っている。

　私はジャーナリストの使命の中で最も大切なことは、「少数派の代弁者になる」「声なき声を伝える」ことだと思ってきた。私自身が身体障害者となり、その重要性を再確認できた。

スウェーデンの人々は 40 年前の取材で、「障害」は属性であり、誰でもいつかは持つものだと言っていた。ハンディという持ち物を 71 歳で持ったのだと捉え、「生涯一記者」として進もうと決めた。

岸田氏は 24 年 8 月 14 日午前、9 月の総裁選への不出馬を党幹部に伝えたと速報があり、記者会見で「総裁選で自民党が変わる姿を示すことが重要で、最も分かりやすい最初の一歩は私が身を引くことだ」「総裁選には出馬しない。新たなリーダーを一兵卒として、支えていくことに徹する」と述べ、政権を放り出した。

私は 8 月 6 日、岸田氏も参列した広島の平和式典を取材した。式典後に市内のホテルで開かれた被爆者 7 団体の代表から意見を聞く会も取材した。岸田氏は「核廃絶は広島出身（東京生まれで広島に居住したことはなく、広島が選挙区）の私のライフワーク」と強調した。金鎮湖朝鮮人被爆者協会会長が「朝鮮民主主義人民共和国（朝鮮）に居住する約 100 人の原爆被害者へ、原爆被害者支援法に基づき支援してほしい」と要請したのに対し、「私の直轄レベルで、無条件で、金正恩総書記との首脳会談を目指す」と答えた。

岸田氏は今後も核保有国と非保有国の橋渡し役を務めると意欲を示していた。岸田氏は総裁選で再選を果たし、衆院を解散・総選挙で過半数をとって政権を維持するつもりだった。しかし、自民党は 22 年 7 月 8 日の安倍氏暗殺の後、統一協会との癒着が発覚し、23 年 11 月には派閥パーティ券裏金疑獄が明るみに出て、政権を投げ出す状況に追い込まれた。

岸田氏は森山裕総務会長（菅・岸田両首相を決めた密談に参加）と 2 日続けて会談するなど、政権・党幹部と連日、高級料理店で会談していたが、麻生太郎副総裁から再選支持の確約を得られ

なかったのだろう。

　総裁選を控え、岸田派以外の派閥から不支持を通告されて、総裁二期目を諦めたのだろう。政権の支持率が低迷、党の支持率も下げ止まりで、八方ふさがり状態に陥り、万事休すという状態になった。3年前の菅義偉氏と同じ状況に追い込まれたのだ。

　岸田氏の辞任会見はたった20分。安倍、菅両氏の辞任会見に比べても、異常に短い。テレビ中継で見る限り、一方的な会見終了に抗議の声もなかった。官邸での首相・官房長官の会見は内閣記者会（正式名・永田クラブ、官邸クラブとも呼ばれる）の主催だが、官邸報道室（広報室）がすべて仕切っている。内閣記者会の規約（第II部の末尾に規約全文を掲載する）に違反している。そもそも、フリー記者は12人登録されているが、抽選で一人入れるだけ。私は登録もできない。キシャクラブメディアの劣化が止まらない。私が記者を始めた1970年代の内閣記者会は、佐藤首相の会見をボイコットすることもあった。

　ここで、私しか使っていない「キシャクラブ」という用語について説明したい。日本にしかない“報道界のアパルトヘイト”である「記者クラブ」は国家総動員体制・大政翼賛会体制下の1942年4月に現在の形になった。日本新聞協会はHPなどでは、海外にあるプレスクラブと混同されないように、kisha kurabu、kisha club と英訳しているので、私はキシャクラブとカタカナで表記することにした。アジア太平洋戦争時の日本軍性奴隷（日本軍慰安婦）を東南アジアでは ianfu、強制労働の労働者を romu-sha と表記するのと同じだ。

　「海外にも記者クラブ、または記者クラブに似たインナーサークルがある」と朝日新聞や革新系のメディ学者が言っているのは、大嘘だ。

2012年12月の第二次安倍政権以降、内閣記者会はまったく権力監視機能を失った。キシャクラブ制度と自民党は両方、一緒に、解体すべきだ。

岸田氏は会見で、「一兵卒として活動する」と繰り返したが、軍隊用語はやめるべきだ。米雑誌に「軍国主義者」と評された岸田氏。安倍晋三氏より危険で悪質な政治家だ。

「新しい資本主義」「エコノミック・スプリット」（血気）などの用語を使い、経済復興を誇ったが、岸田自公政権で民衆は困窮化している。

岸田氏は「憲法改正については、緊急事態条項の条文化の作業や、自衛隊の明記の論点整理を進めている。着実に実行してまいりたい」と意欲を示した。憲法を無視し、軍国主義化を進める岸田氏に憲法を語る資格はない。

岸田首相が退陣表明した8月14日のテレビ朝日の「スーパーJチャンネル」で、政治部官邸キャップの千々岩森生記者が「岸田総理は六月の国会会期末には、不出馬を事実上決めていた」と解説した。千々岩氏は「次の総理総裁」について、明らかに小泉進次郎・元環境相を推していた。岸田氏は再選を目指して画策していた。2カ月前から辞任を決めていたというのは千々岩氏の妄想だ。

同日のTBSの「ゴゴスマ」などでは、次期首相に石破茂元幹事長と小泉氏らの名前をあげてあれこれ喋っているが、人民は自民党の党首すげ替えにだまされてはならない。

岸田氏は15日の閣僚懇談会後、「閣僚の中には総裁選に名乗りを上げることを考えている方もいると思う。気兼ねなく、堂々と論戦を」と述べた。キシャクラブメディアは「ポスト岸田」を

目指し、斎藤健経済産業相、林芳正官房長官、上川陽子外相が意欲を示していると報じた。また、高市早苗経済安保担当相は靖国神社参拝後、記者団に出馬の意欲を重ねて表明。河野太郎デジタル相も会見で立候補の意向を表明した。「次期総裁候補に10人前後の名前が挙がる乱戦模様となっている」（時事通信）という。

　メディアは、若手が推すとされる極右・靖国派の小林鷹之前経済安全保障担当相（千葉2区）を持ち上げてきたが、NHKは19日午後2時の定時ニュース枠を延長する形で、小林氏の出馬会見を衆院議員会館から生中継したのには驚いた。岸田氏の不出馬表明後、総裁選（9月12日告示、27日投開票）に名乗りを上げたのは小林氏が最初だった。

　NHKは総合テレビでの甲子園の高校野球中継を止め、中山里奈アナウンサーが画面に出て、ETVに野球中継を切り替え、統一協会まみれで何の実績もない財務官僚の小林氏の宣伝をした。小林氏は、自分は「普通のサラリーマン家庭」に生まれ、大学生の時に父親の会社が倒産したとか、ボート部の主将だったと自己紹介した。まるで政見放送のようだった。

　スタジオで出演した政治部記者は「派閥がなくなって初めての総裁選になる」と解説したが、自民党の各派閥は森山グループ以外、まだ政治資金規正法の「政治団体」としての解散手続きを終えていない。麻生派は解散しないと決めている。派閥は今も形を変えて存続している。小林氏は二十数人の議員を携えて会見したが、NHKを含むキシャクラブメディアと談合しての会見設定だったのではないか。NHKも、自民党と一緒に解体・解散すべきだ。

　日刊ゲンダイは22日、小林氏の父親の泰芳氏は大倉商事（1998年に倒産）の幹部でジャカルタに駐在、グループ会社「カナダ大倉」の社長などを歴任したと報じている。同社の倒産後も、2000年

に老舗建材メーカー「ノダ」に再就職し、いきなり貿易事業部長を任され、02年には取締役に昇進している。08年には常任監査役に就き、12年に退社した。決して「普通のサラリーマン」ではない。

小林氏は、小学校は千葉県浦安市の公立だが、中高は開成で、一浪して東京大学法学部に入学している。

共同通信によると、千葉県の熊谷俊人知事は22日の定例記者会見で、小林氏について「幅広い分野の的確な政策の知識を持っている。人間性や人格の安定性を含め、会ってきた国会議員の中でトップレベルだ」と持ち上げた。小林氏と政策面で日ごろから意見交換しているとした上で「（政策を）どう実現するかの具体的な道筋を、総裁選を通じて示すことを期待する」とも述べた。

私は千葉県民だが、熊谷知事をリコールしたい。党員でもない自治体首長が自民党内部の争いに言及することが間違っている。知事を辞め、小林氏の秘書になってもらいたい。

その小林氏は同日配信のラジオNIKKEIのポッドキャスト番組で、新増設の検討を含め、原発の活用を推進すべきだとの考えを示した。「安全性を担保した上で再稼働をしっかり進め、今後リプレース（建て替え）、新増設を検討していくべきだ」と語った。

東電福島原発事件で出た原子力緊急事態宣言は今も発令中で、22日に始まる予定だったデブリ3グラムの試験採取も延期された状況で、「原発新増設」まで踏み込む小林氏はあまりに無知、無責任だ。小林氏は敗戦の日に靖国神社に参拝した。夫婦別姓・同性婚に反対する小林氏の落選運動を始めるべきだ。

24日の読売テレビの「ウェークアップ」（NNN系）に小林氏が生出演し、自民党広報員の田﨑史郎氏がテキトウなコメントをしていた。

8月28日朝のフジテレビ「イット」では、「次の総理選ぶ自民総裁選」というタイトルで、自民党の総裁選立候補者の動きを詳しく伝えた。特に、9月7日に出馬表明をするとされる小泉進次郎元環境相の動きを詳しく報じた。FNN世論調査で、次期総裁（首相）の人気ナンバーワンだと強調している。

　小泉氏が地元の神社の祭りで、市民から写真を頼まれる映像を流し、「若いリーダーが日本を変えてくれる」「新しい風を」などという街頭インタビューを流した。メディアは露骨に、若手の小泉氏が総裁・首相になることを望んで取材報道している。

　小泉氏は、統一協会問題、裏金疑獄でも、岸田首相が取り組んできたことに何の批判もしていない。他の総裁選候補者も同じだが、岸田氏が退陣表明した後、裏金疑獄に関してあれこれ言及しているが、なぜ、いままで黙っていたのか。

　小泉氏は、世襲4代目の衆院議員で、「自民党をぶっ壊す」という触れ込みで首相に就任して、民主主義を破壊した純一郎氏の次男で、兄が俳優だ。世襲政治を批判してきた菅氏が小泉氏を推している。何の実績もない政治家が行政のトップに立って何ができるというのか。セクシー男の小泉氏が総裁・暫定首相になれば、いよいよ日本の完全崩壊だと思う。自民党はますます空洞化し、腐敗していくだろう。

　安倍晋三、菅義偉両首相の退陣表明の後も同じだったが、メディアは自公政権の検証をまったくせず、自民党の「次の首相」選びを大々的に報じている。自民党は明らかに有権者を騙すために四代目政治家の小泉氏を選挙の顔に据えようとしている。

　私が代表を務める千葉県「戦争のない世界を憲法9条で 実現しよう！ 憲法9条―世界へ未来へ 連絡会」（9条連）は17日、

定期総会を開いた。来賓の宮川伸・元衆院議員（千葉13区）は「2021年の衆院選前と今はそっくりだ。東京五輪が終わり、菅義偉政権の支持率は20％台と低い中、菅総理は降りた。自民党総裁選2週間近く続き、その間、マスコミは自民党のことばかり報道するメディアジャックで、市民の関心が自民党に向いている中で、解散して選挙になり、圧勝した。今回は何としても、同じ事態を避けなければならない」と強調した。

　今回は総裁選とほぼ同時に立憲民主党の代表選挙（9月7日告示、23日投開票）が行われる。宮川氏は「自民党総裁選に埋没しないように、街頭演説を強化し、自民党とどこが違うのか、どの様な社会を目指すのか、しっかり訴えていく」と述べた。

　22日の日本経済新聞社とテレビ東京の緊急世論調査で、次の自民党総裁にふさわしい人は小泉氏が23％で首位、2位は石破氏18％で、7月の世論調査から1位と2位が入れ替わった。高市早苗経済安全保障相が11％と続いた。調査は出馬が予定される議員11人から1人だけを選んでもらう形で聞いた。衆院選の投票先の政党は、自民39％、立憲11％、維新10％だった。岸田首相退陣を「妥当」とする回答が80％、三年の実績を「評価する」が48％に達した。

　自民党が電通、博報堂を動員し、メディアを動かしての巧妙な看板替え作戦が進んでいる。

　自民党の新総裁＝次期首相ではない。解散・総選挙の後、選挙で過半数を占めた政権党が新首相を選ぶことになる。最近行われた英仏などの総選挙では、政権反対党が勝利した。新聞・テレビは自民党の内部での争いに過ぎない総裁選について過剰な報道をやめるべきだ。候補者を生出演させるのは止めるべきだ。

　自民党の広報を担うテレビ、新聞社、御用コメンテーターに対

し、あらゆる手段で抗議しよう。

　メディアがやるべきは、岸田氏が安倍氏国葬、大軍拡、原発政策転換、統一協会問題、パー券裏金疑獄で、国会を無視して、専制政治を敷いてきたことの検証だ。8・15に閣僚3人が靖国神社を参拝した。防衛相の敗戦記念日の靖国参拝は初めて。小林氏ら総裁選立候補予定の3人も参拝。きな臭い動きを警戒したい。

　自民党は21日、総裁選のポスターを公開した。黒を基調に、赤字でキャッチコピーは「時代は『誰』を求めるか？　THE MATCH」で、歴代首相の顔写真をちりばめた。中央に安倍元首相を据え、田中角栄、小泉純一郎両元首相を大きめに配置した。森喜朗元首相も載せた。岸田首相は小さめだ。大きなポスターが東京・永田町の自民党本部のビルに掲げられた。

　総裁在任期間や知名度を考慮したデザインだというが、統一協会＝国際勝共連合と共に歩んだ過去や安倍派が中心の派閥パーティー券裏金疑獄を想起させる。

　歴代総裁の演説の映像を編集した45秒間の動画も公表した。「守るべきものは守り、変えるべき時は躊躇しない。この国を導けるのは誰だ」というナレーションが入り、「選ぶのは、日本の明日」という言葉が映し出される。

　平井卓也広報本部長は記者会見で「キャッチフレーズは政策論戦に加え、日本の未来とマッチングするリーダーを選ぶことや、成長力に火をつけるマッチなどの意味を込めた。自民党が日本の戦後政治をけん引してきた歴史と実績、日本のリーダーを選択する選挙であるという重責感、日本の未来を切り開いていく覚悟を示した」と話した。

　平井氏は、私のふるさと香川1区選出岸田派で、平井太郎元郵政相一族の三代目だ。平井氏は電通社員を経て、29歳で西日

本放送（日本テレビ系、RNC）社長に就任。母親の平井温子氏は四国新聞社社主で、同社の代表取締役CEOの平井龍司氏は弟だ。一家は香川の企業メディアを牛耳る。菅内閣で2度目の入閣をした。安倍元首相に近いボンボン政治家だ。検察庁法改正案審議中にタブレットでワニの動画を閲覧したことも有名だ。

　平井氏は統一協会の関連団体への会合に出席してあいさつをしていたほか、協会などに対する会費などで、法律上公開が必要な支出があると自民党に報告した。ジャーナリストの鈴木エイト氏は「平井氏と統一協会の闇は深い」と指摘している。

　8月16日の毎日新聞によると、平井氏の親族三人が20〜21年、計4千万円を平井氏が代表を務める党支部に寄付し、所得税の一部を控除される税優遇を受けた疑いがあることが判明した。平井氏を巡っては、本人が1千万円を党支部に寄付し、税優遇を受けたことを既に認めている。租税特別措置法では、個人が政党などに寄付した場合、寄付額の約3割が税額控除されるか、課税対象の所得総額から寄付分が差し引かれる。

　3人は平井氏が代表を務める「自民党香川県第1選挙区支部」にそれぞれ寄付し、控除対象として記載した。

　26日には、石破氏が出身地、鳥取の神社で出馬会見した。石破氏は、裏金議員を公認しないと述べたが、翌日、「新執行部が決める」と軌道修正した。河野太郎デジタル相（麻生派）も国会内の議員会館で出馬会見した。河野氏は、総裁になった場合、「不記載の議員には返済手続きをとってもらう」と述べた。自民党の裏金疑獄は、不記載の問題だけでなく、20数年前から続いていた裏金システムがどういう経過で作られ、収支報告書に記載できない裏金を何に使ったかが全く解明されていない。

　石破、河野両氏は、検察庁と違って党には捜査権がないから調

査には限界があると強調したが、日本大学、ジャニーズ、ビッグモーターなどは、第三者委員会に調査を依頼して、独自の調査を行っている。限界ぎりぎりまでの調査を行うべきだ。統一協会と党との癒着に関しても、調査はまったく不十分だ。

　岸田氏らは、党首が変わることで党が原点に戻り、再生するというが、問題を起こした団体が、リーダーを変えれば組織が新生するなら、山口組も統一協会もオウム真理教もリーダーを一新すればいいということになる。

　自民党の結党以降の、統一協会との協働、政治とカネに関する徹底した調査に基づく、厳格な処分に基づいた再発防止策が必要だ。

　報道各社は、総裁を変えれば、党が変わるという幻覚、妄想を拡散しているのではないか。万死に値する。

　自民党は自ら定めた党綱領に違反した犯罪者集団組織であり、解党・解散するしかない。新聞・通信社、テレビ局の世論調査に「自民党はいったん解散して、新党として再出発すべきと思うか」という設問がないのは不思議なことだ。

　岸田氏は「新総裁が選ばれたあとはノーサイド。新総裁の下で真のドリームチームを作ってほしい」と呼び掛けたが、自民党は22年7月8日の安倍氏暗殺の後、統一協会との癒着が発覚した時点で解散すべきだった。私は2年前から、「紙の爆弾」で自民党は解党・解散すべきだと訴えてきた。

　岸田総裁は今すぐ党解散届を総務相に出すべきだ。

　本書は、日本ではなぜ、既存のメディアである新聞とテレビの影響力が弱まり、取材報道従事者の記者が煙たがられ、不人気な

のかを探り、「ジャーナリストほど楽しい職業はない」という信念から、報道職を憧れの仕事にするには、これから何をすべきかを探っていきたい。

　また、人民の人民による人民のためのデモクラシー（民主主義、ラテン語の demo= 人民、cracy ＝統治であり、民主主義より人民統治と訳すべき）を前進させ、戦争、差別、格差のない社会を実現するために、権力を監視するジャーナリズムの創成は絶対必要だ。既存メディアの改革と、市民が主体となる新興メディアの両輪で、国際標準のジャーナリズムを創成したいと私は願っている。

第Ⅰ部

職業としてのジャーナリスト

〔写真〕
(右上) AFS米国留学時のバスツアー。
(中) バンコク「無観客サッカー日朝戦」。実際には日本人が多数応援した
(下) 福島中央テレビが撮影した原発爆発。当初国内ではNNN系列以外で放映されず、海外でオンエアされなかった
(左上) 日本国民だけが知らされなかった『ニューヨークタイムズ』の記事(1945年8月11〜12日)ヒロヒト訴追せず、天皇制存続を8月14日連合国が約束して、天皇は重い腰を上げてポツダム宣言を受諾した経緯が分かる

(1)生まれ変わっても、またジャーナリストになる

　「50数年前に戻り、大学4年生になったとしても、もう一度ジャーナリストを職業として選びたい。企業メディアの中でも、共同通信を選ぶと思う」。同志社大学の教授の時代、大学院と学部のゼミや講義の履修学生たちにそう話していた。「大学教授とジャーナリストのどちらが面白いか」とも聞かれた。

　私は同大教授時代の名刺に「ジャーナリスト」とまず書いて、その下に大学教授の肩書を書いていた。研究者一筋の同僚の教授たちはこの名刺にかなり不満のようだった。一部の学生も「教授は副業か」と陰口をついていたようだった。しかし、共同通信は名刺をただで作ってくれるが、同大では自前だった。私費で作る名刺の内容に文句を言われる筋合いはないと反論していた。「作家、東大教授　柴田翔」とか「哲学者、法政大教授　久野収」「精神科医、九州大学教授　北山修」などの名刺にあやかったこともある。

　私が1980年から調査研究した欧州、北米、オセアニア、東南アジアなどでは、今もジャーナリストはあこがれの職業だ。

　私は1966〜67年、高校3年の時にアメリカン・フィールド・サービス（AFS）国際奨学生として米国ミズーリ州スプリングフィールドの高校へ留学した。米国はベトナム戦争の真っただ中だった。高校の選択科目に「ジャーナリズム」があり、履修した。新聞部に入って記事を書いた。米国では、英国の植民地時代に、各地で開いたタウンミーティングに出席できない住民のために新聞が発行された。言論出版の自由は、次の選挙のために必要な情報を提供するため、つまり民主的な自治を実現するためにあ

るという伝統があるのを学んだ。民主主義の基本は、フリースピーチという考え方が定着している。

第3代米国大統領トーマス・ジェファーソンが「新聞なしの政府と政府なしの新聞、いずれかを選択しろと問われれば、私は少しも躊躇せずに後者を望むだろう」と述べたように、米国では新聞は民主主義にとって最も重要な機関とされている。

海外では、主要な大学にジャーナリズム学科がある。米国では、学生時代にキャンパスの新聞、ラジオ局などで記者活動をして、メディアに就職する。

海外では、報道記者の仕事は今も花形だ。特に、「報道の自由」が確立している北欧（スカンジナビア諸国）では、最も尊敬を集める職業の一つだ。外国の主要大学は、ジャーナリズム、マス・コミュニケーション論の学部・学科を設置している。米国の大学には、学生たちが運営するキャンパス新聞、FM局があり、学生たちはAP通信などから無料提供される記事も利用して記事や番組を作っている。今でも、新聞・放送は市民の知る権利に奉仕し、権力を監視してくれているという感覚があり、社会全体でマスメディアを支えるという基盤がある。

日本で、市民が新聞・放送を自分たちの身近な存在と感じているのは沖縄県（旧琉球王国）だけではないだろうか。2004年8月、沖縄国際大学（宜野湾市）に米軍大型ヘリが墜落した事件や、米軍兵士による性暴力事件で沖縄へ度々取材に行ったが、住民が地元の沖縄タイムス、琉球新報を「自分たちの代弁者」と親しみを持っていることが伝わってきた。

一方、ヤマト（本土）では、マスメディア企業の社員は、偏差値の高い大学を出たエリートたちが、何やら権力と一緒になって、上から目線で論評していると思われている。記者が民衆から遠い

存在になっているのではないか。

　確かに、日本の敗戦後、自民党政権が都心の国有地を新聞各社にタダ同然で売却し、田中角栄政権で、新聞社にテレビ局の免許が与えられ、マスメディア業界だけ賃上げ（ベア）の上限枠を適用せず、企業メディアは高賃金になった。テレビ・キー局は湯水のように取材費、番組制作費を使う時代もあり、御殿のような豪華な新社屋を構えた。

　私が共同通信記者だった1993年、税込み年収がヒラ記者なのに、約1500万円あり、大学教授に転身すると数百万円下がった。局長、部長、次長職ならボーナスが高く、2000万円前後に上った。新人記者も年収が700万円を超えていた。テレビ・キー局は管理職になると2000万円を超える年収がある。一部の大手出版社も同様だ。有力メディアの賃金が高くなり、社屋が立派になるに比例して、民衆の信頼を失ったと思う。

　本書で言及する人物の肩書は、原則として当時のものだ。

(2)大学生に見放される新聞・テレビ業界

　私が学生だった1970年代、マスコミ業界は就職先として人気があった。企業別の人気ランキングでも100位以内に主要メディアが入っていて、朝日新聞、日本経済新聞、NHK、TBSなどは上位にあった。私は1971年7月、共同通信の採用試験を受けたが、300人以上が受験し、合格者は26人だった。朝日新聞は競争率が数十倍だった。

　ところが、現在、大学生の間で、新聞・通信社、テレビ局を希望する学生は激減している。九州の有力地方紙の幹部は、「受験

者が少ない上、内定を出しても、公務員、商社、などから内定をもらうと、辞退する学生が多い。補欠をとればいいのだが、あまりにレベルが低いので採用を躊躇する」と明かした。

　私もそうだったが、先にメディアに就職した大学の先輩から、その会社の社風や仕事の内容を聞いて受験先を選んだ。私の場合、最初は第一志望の共同通信の他に、朝日新聞、NHK、TBS も考えたが、大学の英字新聞会「The Mita Campus」の 1 年先輩から、リベラルな社風と聞いた共同通信を選んだ。当時は朝日新聞、毎日新聞、読売新聞、共同通信、NHK、TBS の 6 社が同じ日に試験を行っていた。私が受験した 1971 年は、経営不振のため毎日新聞と毎日系の TBS が入社試験を取りやめたため、大激戦だった。

　最近は、企業メディアに入った大学の先輩たちが、新聞、テレビの将来に不安を持ち、長時間労働、長い地方勤務、転勤の多さなどを学生に伝えるのだと思う。特に大手の新聞・通信社では、いまだに、新人記者を警察のキシャクラブに放り込み、記者教育をしている。口の固い捜査官と親密になって、自宅への夜討ち朝駆けのサツ回り取材で捜査情報をとり、「今日、被疑者を逮捕」のスクープをとる不毛な競争を課している。社内と取材先からのセクハラ、パワハラも多い。また、社内の言論の自由がないこと、プライベートな時間がないことが致命的だと思う。

　1980 年代からあったが、企業メディアにせっかく就職しても数年で退社する記者が最近さらに増えている。同志社大学・浅野ゼミから毎年数人が、既成メディアに就職したが、メンタルを病んで退社した元学生も少なくない。辞めた記者たちは内外の大学院に入学したり、金融系の通信社、他業種、外資系企業に転職するなどしている。元記者たちは「大学の後輩には新聞・テレビは

第一部　職業としてのジャーナリスト

行かない方がいいと伝える」と話している。

　中堅の記者が退社して、企業の広報担当、ネット媒体に転じたり、まったく別の世界で第二の人生を送ることを決意している。テレビ朝日の「報道ステーション」キャスターの富川悠太アナウンサーが22年3月に退社し、トヨタ自動車に入社。22年12月からトヨタの広報動画「トヨタイムズニュース」のキャスターを務めている。また、TBSテレビ「Nスタ」の国山ハセン・キャスターが22年12月退社し、PIVOT株式会社の契約社員としてビジネス系動画コンテンツのプロデューサーに転じた。看板キャスターだった両氏は「テレビに未来はない」と見限っての転職だった。

(3) ネット時代で激減する新聞部数

　日本新聞協会が2023年末に発表した同年10月時点の新聞発行部数は2859万部と1年前に比べて7.3％、225万6145部も減少した。2005年から19年連続で減り続け、7.3％という減少率は過去最大だ。新聞の発行部数のピークは1997年の5376万部。四半世紀で半分の2500万部が消えたことになる。全盛期の読売新聞と朝日新聞、毎日新聞の発行部数がすべてごっそり無くなったのと同じである。このまま毎年225万部ずつ減り続けたと仮定すると、13年後の2036年には紙の新聞は消滅して姿を消す計算になる。23年の1世帯当たりの新聞の発行部数は0.49部となり、初めて0.5部を下回った。新聞を購読している世帯は今や半数以下だ。07年までは1世帯当たりの平均が1部を上回っていた新聞を読む習慣を持つのは高齢者だけになっているのだ。この15年程度の驚異的な減少ペースが分かるだろう。

榎並利博・行政システム顧問蓼科情報主任研究員がダイヤモンド・オンライン（24年5月20日）に書いた＜新聞の1世帯当たり購読部数「半数割れ」の衝撃、AIの偽情報への対抗策が鍵＞によると、インターネットが急速に普及したこの20年間で、新聞社全体の総売上高は56％、販売収入は53％、広告収入は34％に落ち込んだ。日本新聞協会広告委員会が24年3月22日に公表した「多メディア時代における新聞の役割とメディア接触者の動向調査」によると、新聞とネットの補完関係が読み取れる。例えば「日常生活に役立つ」「親しみやすい」「自分の視野を広げてくれる」という項目では、ネットに軍配が上がる。一方、新聞の強みも健在だ。例えば「安心できる」という項目では、新聞が47.1％であるのに対しネットは16.2％、「情報が正確で信頼性が高い」では新聞が46.0％に対してネットが17.7％と、新聞が圧倒的に強い。榎並氏は「信頼できるメディアとして新聞の地位は揺らいでいない」と強調している。

米新聞大手ニューヨーク・タイムズ（NYT）は24年8月7日、デジタル版の有料購読者が初めて1000万人を超えたと発表した。24年4〜6月期の純利益が前年同期と比べて41％増え、6554万ドル（約96億円）になった。売上高は6％増の6億2509万ドルだった。6月末時点での総有料読者数は1084万人。うち1021万人が電子版やパズルゲームなどの「デジタル読者」だった。4〜6月の3カ月間で30万人の純増となった。

NYTは、ニュース報道中心の電子版以外に、スポーツ情報専門サイト「ジ・アスレチック」や商品レビュー情報サイト「ワイヤカッター」、レシピやパズルゲームなどを有料で提供している。

デジタル広告に関する収入は8％増えたが、紙の新聞向けが10％減った。メレディス・コピット・レビアン最高経営責任者

(CEO)は「世界トップクラスの報道とライフスタイル情報の組み合わせが相乗効果をもたらしている」と説明した。

　NYTが収入を増やしているのは、世界中にNYTの記者が書く記事を、お金を払っても読みたいと思う読者がいるからだ。日本の新聞も、人民にとって必要な速報記事、論評・分析記事を載せることで生き残るしかない。

　同志社大学の浅野ゼミの学生が1996年、『激論・新聞に未来はあるのか』（現代人文社）を出版した。同志社大学の浅野ゼミ学生が現場記者とジャーナリズムとは何か、ジャーナリストとは何かを徹底討論したレポート。この本で、北村肇毎日新聞記者（元新聞労連委員長）は、事件事故報道を変革し、読者の信頼を勝ち取らないと新聞は生き残れないと警告していた。新聞・通信社（労使）が北村氏や私の改革提言を無視した結果が、現在の新聞界の衰退だと思う。

⑷入社前にジャーナリズムを学ばずに記者に

　日本では、大学時代にジャーナリズム学をほとんど学ばないまま、入社試験に受かって入社して「記者」になる。記者は社員記者で、ジャーナリストという職業をあまり意識しない。朝日新聞大阪本社の社会部長が同志社大学の浅野ゼミ学生への講話で、「私は自分がジャーナリストだと思ったことは一度もない」と断言したことがあった。ある意味正直だ。

　海外では、記者は、医師、看護師、法曹人、税理士などのような職種と考えられており、各国には「職業としてのジャーナリスト」（professional of journalist）で組織するジャーナリスト協会

というギルド的な団体がある。労働組合としてのジャーナリスト・ユニオンも結成されている。欧米だけでなく、韓国、香港、台湾、インドネシアなどにもある。professional of journalist という概念は日本にはない。

　菅義偉官房長官が19年に、望月衣塑子東京新聞記者の質問内容を巡り衝突があった際、定例記者会見で指摘したとおり、企業メディアに採用された社員が記者になる。これは日本だけのことで、いますぐジャーナリスト団体を結成すべきだ。

　新聞労連は新聞・通信社の企業別組合の連合だ。望月記者の所属する中日新聞の労組は、少数の東京新聞労組メンバー以外は新聞労連に入っていない。企業別組合だからジャーナリストの連帯が難しい。外国にあるジャーナリスト・ユニオンの結成を目指すべきだ。

　朝日新聞・読売新聞は通信社を内部に持っているような状態だ。海外特派員の数が異常に多い。莫大な経費がかかる。共同通信、時事通信の規模を拡大し、新聞社は分析、論評を中心にすべきだ。

　読売、朝日、地方紙が専売店を持っている。すべての専売店を廃止し、宅配業者などで共同発送、宅配するべきだ。韓国は大改革を断行した。新聞界の押し紙（広告をとるため発行部数を操作）の廃止も急務である。

(5) 法的に保障された「報道の自由」が実践されない国

　本書のカバーは、国際ジャーナリスト組織「国境なき記者団」（RSF、本部パリ）が2024年5月に発表したカラー地図だ。RSFは国や地域ごとにどれだけ自由な報道が認められているかを表す

「報道の自由度」のランキングを発表しているが、日本は米国、ポーランド、ブラジル、タイ、ナイジェリアなど共に5段階区分で3番目の「問題のある国」（茶色）になっている。

RSFは5月3日、2024年の世界各国の報道自由度ランキングを発表した。対象180カ国・地域のうち、日本は昨年から二つ順位を下げて70位で、先進7カ国（G7）で最下位だった。1位は8年連続でノルウェー。2位にはデンマークが入った。G7では米国が55位（前年45位）だった。

また、世界的な傾向については、ランキングを構成する五つの基準のうち政治的な背景に関する指標が全体で悪化したとして、国際社会でジャーナリストを保護する政治的意思が欠如していると指摘した。昨年10月7日にイスラム組織ハマスとイスラエルの軍事衝突が始まって以降、パレスチナ自治区ガザ地区で100人以上の記者が死亡したことを例に挙げた。

RSFは日本について「報道の自由が一般的に尊重されているものの、政治的圧力や男女不平等などで、記者が監視者として、政府に説明責任を負わせるという役割を十分に発揮できていない」と指摘。また、2012年（安倍第二次政権発足）以降、右翼・国家主義的な権力の報道への敵視傾向が強まり、日本にしかない「キシャクラブ」制度によって、政府の行事や当局者へのアクセスが既成報道機関だけに限定されて自己検閲を招き、フリー・ジャーナリストや外国人記者に対しblatant discrimination（あくどい差別）をしている」と強調した。

【RSFの英文は次のようになっている。Since 2012 and the rise to power of the nationalist right, journalists have complained about a climate of distrust, even hostility, toward them. The system of kisha clubs (reporters' clubs), which allows only established news organisations to access press conferences and senior officials, pushes reporters toward self-censorship and constitutes blatant discrimination against freelancers and foreign reporters.】

　RSF は毎年、キシャクラブが外国メディア、フリーランスを差別・排除していると指摘している。後で述べるが、日本のメディアの最大の問題は「キシャクラブ」制度だが、日本の新聞・テレビは、RSF がキシャクラブ問題で警告していることをほとんど伝えない。

⑹職業としてのジャーナリストとは何か

　ここで、ジャーナリストは何をする職業かを見てみたい。ジャーナリズムの語源はラテン語の diurna（日々の、英語では daily）で、日々の記録という意味がある。高橋哲哉東京大学名誉教授（哲学）によると、jour はフランス語で「一日一日」であり、「光」「近代の光」「啓蒙の光」を意味しており、日々の記録だけでなく、未来に光を与えるのが仕事だ。

　米国のジャーナリズム論の講義では、ジャーナリズムの役割をこう定義している。詳しくは浅野編『英雄から爆弾犯にされて』（三一書房、1998 年）第 9 章を参照。

　　［1　ジャーナリストは民主主義社会において権力を監視すること。治安の維持、犯罪の防止などは統治者（政府）の責任であり、ジャーナリストの第一義的な仕事ではない。知る権利を代行するのがジャーナリストと言ってもいい。日々の仕事が忙しい市民の委託を受けて、権力を監視する

のが主な任務である。当局、当局者に対して健全な懐疑的姿勢を常に持つこと。従って報道の自由は極めて政治的な権利と考えられる。

2　社会の中で起きている森羅万象の出来事から、人民が知るべき情報を取捨選択して取材し、できるだけ客観的に伝える。

3　社会の中で解決すべき問題を選び、議題を設定し（agenda　setting）解決の道筋を示す。社会の中で起きている矛盾などから距離を置いて伝えるだけではなく、社会の一部として前向きな改革を目指す。

4　声なき声の代表となること。自分では社会に訴える手段や能力に欠ける障害者、少数者（マイノリティ）の声をすくい上げ、探し、伝える。

5　情報の自由な流れを促進する。しかも倫理的に伝達しなければならない。

6　一般市民の信頼と尊敬を獲得すること。市民の支持を得て活動すべきで、市民の権利を傷つけたり被害を与えたりしてはいけない。]

ジャーナリズムの最も大切な使命は、人民の知る権利にこたえ、人民の権益を擁護し、権力を監視するところにある。しかし、日本の企業メディア（新聞・通信社、テレビ、雑誌など）においては、販売部数を伸ばすためとか、せいぜい好奇心を満たすという情緒的な姿勢が目立ち、情報を自分たちで吟味して、社会の前進のために伝えるジャーナリズムがほとんど根付いていない。

日本社会は、形式的には民主主義社会になっているが、実態として民主主義が定着していない。

そして、表現（報道）の自由と個人（及び団体）の名誉・プラ

イバシーなどの人格権はともに基本的人権で、いずれも尊重されるべきだが、これを両立するために必要なことは「正確でディーセント（品格ある）なジャーナリズム」。そのために、ジャーナリストは、報道に際しては当事者双方の言い分をよく聞き、間違っていれば、一生償うぐらいの覚悟で客観的証拠を検証してパブリック・インタレスト（人民の権益）の観点から真相を明らかにしなければならない。

(7)好奇心から志した報道記者の仕事

　私が報道関係の仕事をしたいと思ったのは中学3年生の時だった。広島大学を出て高校教員をしていた従兄から小田実著『何でも見てやろう』を借りて読んだのが記者を志すきっかけの一つになった。後に講談社文庫にもなった同書は、小田氏の第一作で、小田氏の世界各地のルポだ。小田氏は鶴見俊輔氏（同志社大学文学部新聞学専攻教授）らと「ベトナムに平和を！　市民連合」（略称「ベ平連」）を結成した。大学時代には、「ベ平連」の活動に友人と共に参加したこともある。記者になってからも小田氏の活動や著作や講演から多くのことを学んだ。2006年6月29日、小田氏を同志社大学浅野ゼミに招き、講演会を開いた。

　小田氏は講演で、第二次世界大戦に関し、当時の天皇と軍部だけが1945年8月11日ごろに、連合軍が天皇を訴追せず、日本の国体（天皇制）は存続させるとストックホルムの日本大使館を通じて知っており、それで戦争をやめたことを教えてくれた。小田氏は同年8月11日から13日の米紙ニューヨーク・タイムズのコピーを学生に見せて、「我々日本国民は何も知らず、8月11

日から 14 日まで大阪大空襲で逃げまどっていた。戦争が終わった後、その事実を知って愕然とした」と語った。

　講談社文庫版で読み直し、小田さんが 50 年も前に、ソ連などの「社会主義国」や米国の現在の姿を予測していることに感心した。

　権力者だけが真実を知っていて、人民には最も大事なことを伝えないという大本営発表報道は今も続いているのではないか。

(8) ケネディ大統領暗殺報道で
　　海外特派員に憧れを抱いた

　1963 年 11 月 22 日午後零時半（日本時間 23 日午前 1 時半）、米ダラスで起きたケネディ大統領の暗殺事件を報じる AP 通信記者のレポートを米軍岩国基地の米軍極東放送（FEN）ラジオで夜中にたまたま聞いて、父親に朝、言ったら、「お前、どうしてそんなことを知っているのか」と驚いていた。私は NHK 特派員の報道前にケネディ暗殺の事実を知っていた。高校 1 年生だった。

　その日は、NHK と毎日放送が米国から初のテレビ中継を行う日で、早朝の歴史的な生中継を見ようと思って、ほとんど徹夜状態で、FEN を聞いていた。午前 2 時ごろ、アナウンサーが興奮して「President　Kennedy・・・」と叫んでいた。「アサシ・・・」と言っているが、その単語が掴めない。テキサスとかダラスを連発していた。辞書で「as…」で始まる単語を探すと、assasinate という言葉が目に飛び込んできた。訳は「暗殺する」だった。ひょっとしたらケネディが殺されたということか、と驚いた。私は若き政治家、ケネディを尊敬していたのでショックだった。

私は香川県高松市郊外の田舎町で育ち、中学生になって英語の世界と出会い、急に世界が広がった感じがした。NHK ラジオ第二放送の基礎英語、英語会話（松本亨講師）を休まずに聞いた。テキストを合本にして、ほぼすべてを暗記した。辞書がボロボロになるほど勉強した。深夜になるといつも FEN や「米国の声」（VOA）や海外の短波放送で英語を聞いていた。

NHK のワシントン特派員が「初めての衛星生中継で最も悲しいニュースをお伝えしなければなりません。米国のジョン・F・ケネディ大統領が今日、テキサス州ダラスで暗殺されました」と伝えた。事前にビデオ収録されていたケネディのビデオメッセージがそのまま放送された。

ケネディは 1961 年 6 月、国連総会で、「地球のすべての住人は、いずれこの星が居住に適さなくなってしまう可能性に思いをはせるべきであろう。老若男女あらゆる人が、核というダモクレスの剣の下で暮らしている。世にもか細い糸でつるされたその剣は、事故か誤算か狂気により、いつ切れても不思議はないのだ」と強調した。「ダモクレスの剣」（sword of Damocles）はギリシャ神話の説話で、常に身に迫る一触即発の危険な状態をいう。偶発核戦争などの危険を訴えていたケネディが凶弾に倒れたのは衝撃だった。

ケネディ暗殺で、日本中の人が見ているニュースでこんな大きい事件を伝えるなんてすごい仕事だと思った。それまでもマスメディア関係の仕事に漠然とあこがれを抱いていたが、私がはっきりジャーナリストになろうと決めたのはこの時だった。特に、海外でジャーナリストの仕事をしたいと思った。AFS 国際奨学金で米ミズーリ州の高校へ 1 年間留学したのも、大学選びも、記者になるためだった。

第一部　職業としてのジャーナリスト

大学で西洋社会経済思想史を学び、1972年に共同通信に入り、22年間記者として勤務した。94年に同志社大学大学院教授（新聞学）になり、2014年に定年退職した。その後はアカデミック・ジャーナリストをしている。大学教授の時も、フリー・ジャーナリストとして活動をしていた。

⑼ 地元の新聞・テレビの腐敗を教えてくれた両親

私は一人っ子で母親は、大学を出たら地元で就職するように求め、記者を目指していた私に、「マスコミに入りたいなら、四国新聞、西日本放送（RNC）もある」と言っていた。中学校の教員をしていた父親は「四国新聞、RNCの幹部を良く知っているが、あそこに入ったら、自民党の平井太郎（元郵政相、元自民党参院議員会長）の選挙運動をやらされる。選挙違反で2回ぐらい逮捕されると出世するが、選挙を手伝わないと干される」と"助言"した。メディア就職希望の学生向けに出ていた「マスコミ就職ジャーナル」に報道各社の採用情報の一覧が載ったが、四国新聞は「縁故採用のみ」、RNCは「公募なし」だった。コネ採用を公言する神経に驚愕した。地元メディアへの就職はあり得なかった。日本の企業メディアの体質の悪さを教えてくれた親に感謝している。

現在、ほとんどの地方紙が共同通信の配信記事の比率が高まり、"共同通信新聞"状態になっている。

民主主義にとって、地方の権力を監視し、人民の知る権利に応える報道機関は欠かせない。地方メディアの中核が県紙だ。各地にある新聞社、テレビ局の民主化を進めるべきだ。メディアの労

働組合の闘いが重要だ。

　約52年のジャーナリスト生活で度々、海外に行った。1976年から中国へ10回、韓国へは20数回、朝鮮民主主義人民共和国へは14回行っている。インドネシアで3年半、ジャカルタ支局長を務めた。大学教授の時、1年間ロンドンで在外研究をした。カンボジア、タイなどの東南アジア諸国、スウェーデン、フィンランド、オセアニアなどで取材もした。

　半世紀を超えるジャーナリス生活の経験を踏まえ、ジャーナリズムの民主化、国際社会で日本が今後進むべき道を考えている。日本が米国から独立し、日本国憲法の非同盟・非戦・非武装主義を貫き、東北アジア、アジア太平洋諸国の人民と共生するべきだと思っている。

⑽ 差別・戦争を嫌った母親から学んだ

　小学校時代から文章を書くのが苦手だった私が、文章を書く喜びを知ったのは、中学三年生の時だった。東京への修学旅行の旅行記を書いた。国語担当の教師に私の作文が面白いとほめられた。原稿用紙に書いた作文を製本してくれて、本を出版したような気分になった。あの一言が自信になった。

　そのころから図書館にある新書、文庫本を読み漁った。特に海外の小説、ノンフィクション、古典、歴史の本を読み、いろんな本で想像力を身に付けることができた。

　高松高校に入り、香川県教育委員会が初めて開いた県立図書館の英語教室に入った。そこでミシガン大学出身のバンス・E・ジョンソン講師（後に明治大学教授）と出会った。ジョンソン先生に

英語を徹底的に教え込まれた。

　私が育った四国には被差別部落が比較的多い。教員をしていたいとこの婚約相手が被差別部落の出身だとわかって、親類の間でもめていた。尊敬する祖母が彼女の出身地まで出かけていき、調べてきた。どうしてあの立派な祖母がそういうことをするのだろうと考えた。近所では、被差別部落の町名をあげて、そこへは遊びに行かないようにという人もいた。教員と元教員である両親は、部落差別は何の根拠もない非科学的な差別であり、そういう差別はなくさなければならないと教えてくれた。両親は自分の教え子を戦場に送った経験があり、ことあるごとに、戦争の怖さや軍隊が支配する全体主義体制の非人間性を伝えてくれた。両親から聞いた話で一番ショックだったのは、天皇の写真を焼いてしまって自決した校長がいたということだった。天皇の写真を当時は「御真影」と呼んでおり、「奉安殿」と呼ばれる神棚にまつっていた。空襲警報がなると若い教員が背中にしょって防空壕に避難していたという。「純粋で優秀な若者は特高警察に共産主義者だとされて治安維持法で逮捕された」という父の言葉も忘れられない。

　国連人権宣言と日本国憲法が施行されたころ生まれた私は、平和で差別のない社会をつくるにはどうしたらいいか思索した。戦争がない民主主義的な社会をつくるためには、教育とマスメディアの役割が重要だと考えた。私はジャーナリストの道を歩もうと決心した。

　大学では社会福祉国家を目指す経済体制を学びたいと、慶応義塾大学経済学部へ進んだ。大学一年で通訳案内業（英語）免許取得。大学では社会思想、特に近代欧州社会経済思想を学んだ。白井厚教授の門下に。フランス革命など西洋の近代市民革命に興味を抱いた。市民と国家は契約関係にあるという考え方が新鮮だっ

た。クラブは英字新聞学会 (The Mita Campus) の編集部員になった。三年から大学の新聞研究所に入り、当時の毎日新聞の論説委員だった西島五一さんや岩尾寿美子教授に指導を受けた。

⑾ 企業内ジャーナリストの22年

　共同通信は日本を代表する通信社で、新聞、放送各局に二四時間ニュースを配信している。外国の通信社のニュースを選択して日本語にし、日本の出来事を外国に伝えるのも通信社の仕事だ。

　記者3年目に千葉支局で警察・検察による典型的なでっちあげ事件に遭遇して、思いもかけずに「人権と報道」が専門になった。現在の警察取材では市民が逮捕されると呼び捨てで実名報道されるが、これは無罪を推定され裁判を受ける権利を侵害するのではないかという問題提起を組合内の雑誌で展開した。警察官から情報をとり、もう一方の当事者から取材もしないのは客観報道の原則に違反しているとも思った。警察取材の記者は「ペンを持ったおまわりさんではないか」という問い掛けを行った。

　本社の社会部出身者が支配する会社の総務・人事当局ににらまれて12年間、いわゆる冷や飯をくった。1982年に年休をとって北欧を取材、スウェーデンとフィンランドの犯罪報道匿名報道主義を日本人で初めて調査研究した。84年8月に『犯罪報道の犯罪』(学陽書房、87年に講談社文庫)を出版した。この本が社会的に評価されて、「いつまで浅野を閑職に置くのか」という批判が出てきた。87年にやっと希望の外信部記者になった。ユニセフの研究旅行の一員としてカンボジアを取材した。旅行団の団長が橋本龍太郎首相の母親、橋本まさ氏だった。

88年8月には国際電話で、当時一時帰国中で民主化運動の指導者になりつつあったアウンサンスーチーさん（その後ノーベル平和賞を受賞）に、日本のメディアとして初めて本格的なインタビューをした。『日本大使館の犯罪』に書いたが、96年12月にもヤンゴンで電話取材した。

89年2月からジャカルタ支局長として三年半、東南アジアを取材した。カンボジア問題、PKO、「大東亜」戦争の傷跡、熱帯林の破壊などを徹底的に取材した。現場に行って人と会って書くことを心掛けた。人権・環境問題、政府開発援助（ODA）などで、日本がやっていることを報道した。記事は日本だけでなく世界の新聞、放送局で使われた。

日本の商社がつくった木材会社がニューギニア島の西部のビントニ湾でマングローブを違法伐採している事実を、現地で取材して報道。一年後に、商社も現地政府も非を認めた。

ジャカルタの3年半で、アジアの多様性を知った。インドネシアだけで250の言語、異なる人種、宗教、文化があり、お互いの違いを認め合い協調して生きる姿から多くを学んだ。スハルト政権と日本人社会から危険人物とされて、92年7月に事実上追放処分を受けた。

帰国して外信部でデスクの仕事をした。世界中から集まるニュースを取捨選択して約80の新聞社、約180の放送局へ配信する仕事で、やりがいがあった。引き続き、ジャーナリズムのあり方を模索し、本や論文を発表した。

⑿「マスコミ沈黙の罪」はジャニーズ問題だけでない

　旧ジャニーズ（現スマイルアップ）事務所の性加害問題で「マスメディアの沈黙の罪」が問題になった。ジュネーブの国連欧州本部で開かれた国連人権理事会の「ビジネスと人権」に関する作業部会が6月26日、ジャニーズ問題などを含む、日本の人権問題についての調査結果を報告した。

　作業部会のロバート・マコーコデール議長は報告で、日本社会には男女格差や、性的少数者、外国人に対する職場での差別など人権侵害を生む構造が根強くあると指摘。「多様性と包摂性の促進が重要だ」とした。また、「被害者たちが完全に救済されるまでスマイル社の責任と業務は終わらない」と述べた。

　報告書は日本の「メディアの沈黙」を厳しく批判したが、朝日新聞など主要紙は、「沈黙も罪」を指摘されたことを報じなかった。

　23年10月2日に開かれたジャニーズの記者会見で、主催者の同社が一部の記者について、「NG記者」とした内部文書があったことが激しく批判された。とんでもないことだが、同社は少なくともフリー記者も参加できる国際標準の会見を開いたことが報じられなかった。

　私も会見に出ることができた。官邸での首相、官房長官会見は、内閣記者会では私は参加資格がない。首相会見は、クラブ員と官邸報道室が認めたフリー記者などが参加する。かつては130人参加していたが、20年4月、コロナを理由にして会見の人数制限が始まり、現在も40数人になっており、フリーで参加できる資格のあるのは12人。クラブ加盟社に投稿などの実績がないと参加申請もできない。

クラブのメンバーだけが知っていて、人民には報道されない状況は、日常的にあり、キシャクラブ制度が主な原因だ。

⒀ 日本人 800 人が応援した
バンコク「無観客試合」のウソ報道

ここで、日本のマスメディアが情報操作で、ニュースを捏造する例を出したい。日本のジャーナリズムがいかにして人民にウソを流すかについて、三つの例を出したい。

まず、サッカーの話だ。私はサッカー W 杯を 1998 年のフランス大会から在日朝鮮人と一緒に応援し、02 年の日韓共同開催、06 年のドイツ大会も共同応援した。

2005 年 6 月 8 日にバンコクのスパチャラサイ競技場で W 杯アジア地区最終予選の日本対朝鮮の第 2 戦があった。この試合は「第三国・無観客試合」だった。競技場へ入れるのは選手の家族、記者、大使館の関係者のはずだった。本来なら平壌の金日成総合運動場で行われるはずだったのだが、その前のイラン戦で朝鮮のサポーターが騒動を起こしたためペナルティが課されていた。

無観客試合ということで、スタンドに誰もいないと思いきや、数えたら約 800 人がいた。このとき、日本のサポーターは競技場内に入れず、競技場の外で数十人が応援していたという嘘の報道があった。

実際にはどうだったかを書いたのは、私と「サンデー毎日」だけだった。バンコクの二つの新聞や外国の通信社は、日本の「軍隊のような応援団」がいたなどと書いた。

テレビ朝日と NHK が中継したが、観客の歓声を全部消して放

送した。正面スタンドにいた日本人の大観衆に一度もカメラは向けられず、がらんとした白いコンクリートのスタンドだけが映し出された。この試合で日本が本大会出場を決めたので、試合終了の瞬間、競技場内にいた日本人が大歓声をあげて祝福したのに、マスメディアはその事実をほとんど伝えなかった。歓声を消して最後まで中継して、競技場の外やホテルで応援している映像を流していたのだ。

　一部メディアは、数十人しかいなかった朝鮮ベンチ裏の「北朝鮮」応援団が嬌声をあげていたと誇張して報道（読売新聞派遣・村上龍氏）した。

　私は５月26日、朝鮮新報など在日朝鮮人関係のメディアなどに書くフリーランスとして、アジア・サッカー連盟（AFC）に取材申請書を送り、６月８日試合取材した。

　試合の翌日の６月９日、バンコク市内のホテルで、朝鮮代表の在日朝鮮人Ｊリーガー、李漢宰選手（広島）と安英学選手（名古屋）に単独インタビュー。李は「昨夜のゲームは、無観客でも中立でもなかったと感じる。取材ならスタンドの下のほうにいるはずなのに、上のほうまで人がいっぱいいたのはおかしい。日本のゴールのときには拍手や声援もあった」と断言した。インタビュー記事が朝鮮新報のHP（日本語版）にある。国際サッカー連盟、アジア・サッカー連盟、日本サッカー協会は、「北朝鮮」とは呼ばず、スタジアムなどでは「DPR　KOREA」と表記する。日本でのサッカーの試合でも、場内アナウンスでは、「朝鮮民主主義人民共和国、選手の交代です」と言う。「北朝鮮」と言うのは、日本の政府とメディアだけだ。

⑭ 東電福島原発事件でも真実伝えず被害が増大

　2011 年 3 月 11 日の東日本大震災で起きた東京電力福島第一原子力発電所の連続メルトダウンは天災ではなく、日本政府・東電が事故を予測しながら安全対策を怠ったために起きた「人災」であり、放射性物質の拡散で空や海を汚染させ、約 20 万人の市民を避難させ、命と暮らしを破壊した。事故ではなく事件だ。

　御用学者がテレビで、「チェルノブイリのようにはならない」とか「ただちに健康に被害はない」などとウソをついて、多数の女性や子どもを含む市民が被曝した。地元の日本テレビ系の福島中央テレビが撮った原発の爆発映像を NHK や他の系列局は放送しなかった。海外では生々しい映像がオンエアされ、ドイツなどが脱原発を決める契機となった。情報を正確に伝えなかった政府とマスコミは万死に値いする。

　福島原発事件で、3・11 の夕方にメルトダウンが始まり、3 日後には完全にメルトダウンしていることをマスメディアは知っていた。東京電力が公開している、東電本社と福島現地とのやりとりを映した動画を見ると、「メルトダウン」はまだ政府が発表してないから我々も使えない、と東電幹部が叫んでいる。

　サッカーや原発だけではなくて、日本の市民が日々接しているマスメディアが、ひょっとしたらこのように嘘をついているかもしれないと肝に銘じてほしい。

⒂ 日本は今も連合国（国連）の「敵国」

　日本のメディアは最も重要なことを伝えない。国連（The United Nations、本来は「連合国」と訳すべきで、中国・韓国では連合国・聯合国と表記）が日本を今も「敵国」とみなしていることも、「取材・報道しない罪」だ。

　私は大学教授の時、浅野ゼミ 1 年生に、1945 年に連合国によって制定された国連憲章では、日本が再び全体主義国家になる危険性のある「敵国」としてみなす「敵国条項」（Ex- enemy clause）があることを教えていた。

　敵国条項は国連憲章第 53 条・77 条・107 条に規定されている。＜第 53 条 地域的取り決めに基づいて地域的機関が 107 条のもとでとる措置と旧敵国の侵略政策の再現に備えるためにとる強制行動には安全保障理事会の許可は不要＞

　第二次大戦中に連合国（国連安全保障理事会の常任理事国である米国、英国、フランス、ロシア、中国の五カ国など）の敵国であった国（枢軸国であった日本、ドイツ、イタリア、ブルガリア、ハンガリー、ルーマニア、フィンランド）が、戦争の結果、確定した事項に反したり、再び侵略戦争を起こしたり、起こす兆しがある場合、連合国加盟国や地域安全保障機構は、安保理の許可がなくとも当該国に対して先制攻撃など軍事制裁を科すことができる、としている。日本はこの旧敵国条項をいまだに削除できていない。

　日本のメディアには、日本が安保理常任理事国入りを望んでいるという報道がよくあるが、この敵国条項を削除しない限り、ありえないことなのだが、キシャクラブメディアは絶対この点に触れない。

第Ⅱ部

キシャクラブを解体し広報センターを

〔写真〕
〔上〕岸田首相の記者会見場。内閣記者会常勤幹事社（新聞・通信社、テレビキー局の計19社）だけが、常時取材できる
〔中〕首相官邸前にある国会記者会館の建物
〔下〕韓国では記者団制度を廃止し広報センターがつくられた

(1) 現代の大本営発表報道の退廃
——法的には世界一の「報道の自由」

　日本の中央政府とメディアは、世界を「専制国家」と「自由で開かれた民主国家」に二分して、日本は「法の支配」の民主国家だと勝手に宣伝している。また、大新聞は「中国には表現（報道）の自由がない」と非難を繰りかえしているが、他国のことより、自国の言論状況を見るべきだ。

　日本では、憲法で「一切の表現の自由」が保障され、法的には世界でトップ級の自由度がある。ところが、人民の知る権利を代行する新聞・テレビなどのマスメディアは権力監視のジャーナリズムとしてほとんど機能していない。

　東京に駐在する外国特派員の多くは「日本はキシャクラブがあるため、中国より取材が困難な国だ」と言い切る。

　日本のキシャクラブメディア（内閣記者会の常勤幹事社である新聞・通信社、テレビ局の計19社が中心）の報道は権力監視ではなく、権力に先んじて、権力の広報を務めているように思える。国際標準のジャーナリズムはこの国にない。1990年代後半から、権力を懐疑的に見る姿勢は限りなくゼロに近くなり、むしろ、権力機構の一部となっている。

　日本の敗戦後、米占領軍は天皇制・神社本庁をほぼそのまま残し、旧帝国大学、主要報道機関の戦争責任を免責し、キシャクラブ制度を存続させ、反共・米隷従の国にするための道具として利用し、今日に至っている。

　首長の英断で、キシャクラブ制度をなくしたのが長野県庁と鎌倉市だ。長野県（2002年）と鎌倉市（1996年）ではキシャクラ

ブを記者室から追い出し、報道センター、広報センターが機能している。

　私は『記者クラブ解体新書』（現代人文社）でキシャクラブ制度を廃止し、海外にある広報（メディア）センターを作る以外に、権力監視のジャーナリズムを創成する道はないと書いた。

　キシャクラブに出勤する社員記者たちには、取材や記者会見で聞き出す力がない。記者は大学でジャーナリズムについてほとんど学ばずに記者として採用される。多くは、裕福なエリート家庭の出身で、受験戦争を勝ち上がってきた「勝ち組」。従って、権力批判や社会的弱者・マイノリティに関する視点を持っていない。ジャーナリズムの何たるかを知らず、記者教育も受けていない若者が、入社すると、まず警察の記者クラブに入れられて、「サツ回り」をやらされる。警察に密着して情報をとる。警察の人間と酒を酌み交わして、といったルーティン行動が記者クラブの行動であり、記者教育の場になっている。海外ではあり得ない記者教育だ。

　今の日本は「民主的な国」で、多くの市民は「NHKも朝日新聞も、そんなに大きなウソをつくはずがない」と思っている。大間違いだ。

　アジア太平洋戦争時の大日本帝国では、天皇制ファシズムの下、新聞統制法、検閲制度などがあり、政府批判をすれば命を奪われる危険性もあり、報道の自由が全くなかった。しかし、現在の日本には「報道の自由」があるのに、権力監視機能を果たさず、自ら進んで"大本営発表"報道、翼賛・産業報国会的な活動を行っているという意味で、戦前・戦中のメディアより悪質だと言える。

　キシャクラブ廃止がメディアの改革では最も重要だ。キシャクラブは、"日本にしかない報道界のアパルトヘイト（人種隔離政策）"だ。日本新聞協会に加盟する大手企業メディアの社員記者たちが

他のジャーナリストを差別・排除する既得権益だ。欧州連合（EU）はかつて「キシャクラブは情報分野における最大の関税障壁」と批判した。

　官庁などにある「記者室」を記者クラブが独占使用するのを止め、ジャーナリストで構成する団体が取材対象者側と協議して、広報センターを運営すればいい。日本でも長野県庁と鎌倉市には記者クラブがなく、広報センターがある。米ホワイトハウス、韓国の大統領府、英国の官邸「ダウニング5」の広報センターなどの運営方法から学べば今すぐ導入できる。

　ジャーナリスト団体、報道評議会については、花田達朗早稲田大学教授が『いいがかり：原発「吉田調書」記事取り消し事件と朝日新聞の迷走』（七つ森書館、2014年、私も執筆）で的確に書いている。

　韓国・盧武鉉政権は2004年に、日帝の植民地時代の遺制だった「記者団」制度を廃止し、青瓦台に広報センターを作った。韓国の裁判所は、ネットメディアなどが起こした記者団訴訟で、原告の主張を認める判決を出した。盧武鉉氏は大統領選挙の公約に「記者団」制度廃止を掲げていた。

　日本の国政選挙でも、デモクラシー（人民による統治）を希求する人民と政権反対党は、キシャクラブ廃止をスローガンにしたい。

　日本のメディアを腑抜けにしいているキシャクラブが83年経っても存続しているのは、キシャクラブ制度の問題が社会化しないからだ。キシャクラブが戦時下で誕生し、今日まで"大本営発表報道"の主要な原因になっていることが人民に認識されていない。

　「キシャクラブがなくなれば、メディアはよくなるのか」という論者もいるが、これは、女性差別がなくなれば社会は本当に良

くなるのかという議論と同じで、ナンセンスだ。キシャクラブ制度がなくなり、海外のように取材が自由になれば、人民の「知る権利」が拡大することは間違いない。

日本では、マスメディアが取り上げないイッシューは議題に上りにくい。「リベラル・左翼」もキシャクラブ制度を利用して自分たちの活動を宣伝しており、キシャクラブの犯罪性を語ることがタブーになっている。いま、必要なのは、人民の「知る権利」を妨害しているキシャクラブの実態を知ることだ。

キシャクラブはどんなものかをわかりやすい例え話にしてみよう。東京都立の図書館に東京六大学の学生だけで作る「読書クラブ」会員だけが占有使用できる閲覧室があればどうだろう。原則は六大学生しか使えないが、「読書クラブ」が認めれば、東都大学、関東大学リーグの学生も使用できるという制度があると、みんながおかしいとすぐわかる。

詳しくは拙著『記者クラブ解体新書』（現代人文社）を読んでほしい。

⑵「記者クラブ」を廃止し、
広報センターを作った長野県と鎌倉市

1996 年に鎌倉市の竹内謙・前市長（元朝日新聞記者、故人）が記者室を廃止して広報メディアセンターを設置した。2002 年には田中康夫長野県知事（当時）が「脱・記者クラブ」宣言を出し、県政記者クラブを記者室から追放し、雑誌、ミニコミ、インターネットなどで情報を発信する市民すべてを「表現者」とみなし、県庁内に「表現者センター」(その後広報センターと改称)を設けた。

長野県政記者クラブは今も名前だけ存在するようだが、県政記者クラブが広報センターを占有することはできない。取材希望の人なら誰でも登録すればセンターを使用できる。田中知事時代、「普通の主婦」が知事会見に出て、ネットで情報を発信していた。

　田中氏の退任後、保守系知事に代わっても、"脱記者クラブ"に変化はない。信濃毎日新聞のある記者は「クラブがなくなって、クラブに詰める必要がなくなり、取材がやりやすくなった」と話している。キシャクラブが廃止されても、何の不都合も起きていないのだ。残念なことだが、県庁に隣接する長野県警本部にある県警記者クラブは存続している。

　鎌倉市も市長は何度も交代したが、キシャクラブは復活していない。

(3) 権力機構の一部になった企業メディア

　私が代表世話人を務める「人権と報道・連絡会」（1985年発足）の認識では、日本ではマスメディアが権力の広報機関になっているというより、権力の一部となって政治経済を動かしている。「左翼リベラル」の一部には、朝日新聞、毎日新聞などを進歩的と評価し、批判を控える傾向がある。自分たちの運動をメディアで取り上げてもらうために、メディア総体を批判するべきではないという考えだ。

　私は今の日本は、政・官・財・学・労・報が鉄の六角錘を構成して権力を維持していると見ている。＜学＞は大学、学界。＜労＞は労働組合、＜報＞は報道（マスメディア）だ。本来、政・官・財から独立し、権力を監視するべき学・労・報が権力の一部に組

み込まれ、新たな形の"大政翼賛"体制が出来上がっている。中曽根政権の三公社五現業の民営化、その後の新自由主義政策によって、ネオ・ファシスト体制が構築された。

特に、＜報＞の衰退、自壊が急速に進んだ。人報連の山際永三事務局長（映画監督）は、公共放送のNHKが「政府広報となり果てている」と指摘しているが、新聞・通信社もNHK化している。メディアの中に進歩的な良心派がいることは事実だが、組織としては権力機構の一翼を担っていることを見なければならない。

2011年の「3・11」の時にも主張したが、コロナ禍でも突き付けられているのは、経済のグローバル化（国際金融資本のやりたい放題）、経済成長（GDP）至上主義を見直し、社会経済構造を根本的に変換するしかない。

私は欧州（特に北欧）、ニュージーランド、カナダなどで実践されている民主主義・自由主義を開花させた上での社会主義・共産主義（自由な諸個人の連合）社会の建設の時代が来ていると思う。

人民主権の社会にとって、徹底した公文書に自由に接近できる権利(absolutely free access to public documents)を確立すること、「情報公開」法ではなく情報自由法が必要だ。

⑷ キシャクラブ擁護論の革新系文化人は人民の敵

「記者クラブは必要」「記者クラブにはメリットもある」などと報道界のアパルトヘイト、記者が記者を排除する「キシャクラブ」制度を擁護するか、黙認する「左翼リベラル」活動家は人民の敵である。

安倍首相はコロナ禍で計9回会見を開いた。2020年2月29日

の会見の一方的な打ち切りに、フリーの江川紹子氏が「まだ質問があります」と抗議したことで、3月14日からフリー記者枠の記者の質問が認められた。安倍会見で、フリーが7年半で初めて質問ができたと評価する向きがあったが、私は記者クラブの廃止なしに、首相会見のオープン化は絶対に実現しないと言ってきた。

20年5月3日、南彰新聞労連委員長が司会した＜動画生配信！Choose TV「# コロナ時代のメディア 〜自由の気風を保つために〜 」協力：新聞労連＞と題したネット番組を視聴した。

この番組で、阿部岳・沖縄タイムス編集委員は「私も沖縄県内の記者クラブに所属していたこともちろんありますので、記者クラブは改革というか、そのフリーの方とかにオープンにして、『残す派』なんですね。やはり権力の建物とかの中に、いろんな記者が居座ってそこにいて、うろついていること自体が知る権利に貢献しますので、そういった意味では、拠点としては残したらいいのではないか」と語った。

私はスマホから、番組へ、「記者クラブの定義をきちんとして論じるべきだ。『記者クラブ』制度がなくても、官庁内に、海外にあるようなプレスルーム、メディアセンター、広報センターなどの取材拠点があれば何の問題もない」などとコメントした。その直後、京都新聞編集委員の日比野敏陽氏（新聞労連元委員長）が「上から目線で言うな。何が定義だ。いま、現場で変革が大事なんだよ」などと書き込んだ。しかし、アパルトヘイト制度、人種差別制度の「改革・開放」はあり得ない。私たちは、キシャクラブ制度の歴史と実態を知り、廃止運動を進めたい。

"革新"系の記者には、キシャクラブ存置派が多い。北村肇元毎日新聞記者（故人、元新聞労連委員長・金曜日社長）は報道改革の同志だったが、キシャクラブ問題では意見が合わなかった。

新聞労連などのメディア労働団体は、キシャクラブ制度を維持派の共犯者である現実をまず認識し、人民に奉仕するジャーナリズムを創成するために、メディア界における革命運動を始めてほしい。

寺澤有氏らフリー記者の有志はキシャクラブ制度の廃止を求めている。キシャクラブ相手の裁判を起こしてきた寺澤氏はフリー仲間の三宅勝久氏と共に、23年7月、共同通信社と同社の前田晋吾鹿児島支局長・久納宏之記者を被告として、「記者クラブいらない訴訟」を東京地裁へ起こしている。両氏は20年7月28日、塩田康一鹿児島県知事の就任記者会見に参加しようとしたところ、県政記者クラブ「青潮会」加盟の新聞・通信社、テレビ局計14社の社員の人間バリケードにより、会場へ入ることを阻まれた。共同通信が当時、クラブの幹事社だった。これまで6回の口頭弁論が開かれた。寺澤氏は、キシャクラブは「殲滅」すべきと主張している。

花田達郎東大名誉教授はジャーナリストユニオン・プレスカウンシルなどの設立を提唱している。

記者クラブを運営しているのは日本新聞協会加盟の大手企業メディアであり、クラブに常駐する記者の多くが新聞労連の組合員である。「記者クラブと記者室を分ける」という新聞協会の見解は詭弁だ。キシャクラブの「開放」は言語矛盾である。

政権反対党は、法の支配、立憲主義、消費税減税、脱原発と共に、「記者クラブ」解体・広報センター設置を統一した公約に掲げて闘ってほしいと思う。

半世紀に近い記者活動と22年の大学でのメディア研究の経験を持つ筆者は、「記者クラブ」制度の廃止以外に、御用メディアと"鮨友"記者を重用し、自分にとって不都合な報道機関を威嚇、

排除する言論統制を止める方法はないと確信している。

(5) 警察に巨人・阪神戦チケット贈って
　　捜査情報取った大谷昭宏氏

　日本の大手メディアの記者のほとんどは入社前にジャーナリズム教育を受けておらず、取材の経験を持たない。有名大学の体育会や同好会で鍛えた若者が入社試験に受かれば「記者」になる。

　メディア企業に採用された社員記者は、警察のキシャクラブに放り込まれ、先輩記者から取材の方法を学んで記者活動を始める。警察がクラブで配布する報道資料を垂れ流し、捜査官の自宅への夜回りなどの"夜討ち朝駆け"取材や一緒に酒を飲むことで、情報を取る。海外にある情報自由法（公文書への自由接近権）のない日本では、取材対象者と仲良くなって情報を入手する"御用聞きジャーナリズム"が主流だ。公務員法で守秘義務のある公務員から捜査情報を取ることで、記者は鍛えられるというのだ。

　ネタ元の捜査官と仲良くして、情報を取るのが、記者の仕事になっている。社員記者は数年の警察取材を経て、東京本社に異動し、政治・経済などの取材でも、新人時代に身に着けた「取材相手と仲良くなって情報をもらう」ことが記者の仕事と錯覚している。

　元読売新聞記者のテレビコメンテーターの大谷昭宏氏は、黒川弘務・元東京高検検事長が新聞記者３人との賭けマージャンした事件が発覚した後、テレビと新聞でこう発言した。

　「私もよく刑事と酒を飲んだりマージャンしたりした。地方の検事ともよく遊んだ」「家に刑事の妻がいれば、話して仲良くなってもらう。そのうち家に上げてもらえればたいしたもの」「時に

は刑事の子どもに甲子園球場のプロ野球巨人―阪神戦のチケットを渡したことがあった」「一緒に飲みに行き、おごったりおごられたりする」と書いた。大谷氏が記者時代の武勇伝として話した事例は、氷山の一角に過ぎない。

　故・細田博之衆院議長のセクハラ事件が起きた背景に、メディアが高齢の男性政治家の取材担当を女性記者にするという現実がある。女性記者（男性記者も被害に遭う）が夜回り取材先で、検察幹部から強かんされたこともある。ある共同通信記者は大阪で副署長にホテルに連れ込まれて抵抗して負傷した。15年前に長崎市の部長（その後自死）から性被害を受けた地元紙記者が起こした裁判で、長崎地裁は5月30日、性暴力が「職務関連性を有する」とし、組織としての市の責任を認定。休業損害や慰謝料など約1975万円の支払いを命じた。

　私が同志社大学で教えた学生は毎年、数人メディアに就職しているが、取材先からセクハラを受け、精神を病んで退職した女性もいる。密室で性暴力を受けた記者のほとんどは泣き寝入りをしている。

　警察記者クラブ時代から続く夜討ち朝駆け取材、取材対象者に気に入られて情報をもらう、御用聞き取材を止めない限り、記者のセクハラ被害はなくならない。

(6) 岸田政権を支えたキシャクラブ社員記者

　危険な軍拡路線を暴走する岸田氏の支持率が異常に高い時期があった。岸田氏は強権的な前・元首相と比べ、「えっと」「なんだ…」などが多いが、日本語を普通に話せ、ソフトなイメージだか

ら、何もしていないのに、合格点が与えられていた。

NHK が22年6月16日に報じた世論調査で岸田内閣の支持率は先月より4ポイント上がって59％で、内閣発足後最高を記録した。共同通信が20年6月18・19日に実施した世論調査では、防衛費を国内総生産（GNP）の2％までの範囲で増額するとの回答が37・2％、2％以上が15・9％もあった。「いまのまま」が31・5％で、「減らす」は7・6％だった。22年7月8日、安倍氏が奈良で暗殺された後、統一教会問題、裏金疑獄などで支持率が急落した。

支持率が低迷しても、岸田政権が24年夏まで崩壊しなかったのは、キシャクラブメディアが権力監視のジャーナリズムとしての機能を果たしていなかったからだ。岸田氏が政権を放棄したのは、自民党内で見放された結果であり、メディアはほとんど何もしてこなかった。

(7)取材・報道している「社員記者」の実態

日本のジャーナリストなぜ、こんなに劣化したのか。日本にまともなジャーナリズムをつくるにはどうすべきか。これについては、19年3月16日に私が行った同志社大学での最終講義で報告した。講義の記録が私のブログに前半と後半に分けて掲載されている。

また、最終講義の動画は IWJ で視聴できる。＜同志社大学大学院メディア学専攻・浅野健一教授 最終講義「人民のためのジャーナリズム創成 ～非戦平和の東アジア構築を目指して～」＞

職業ジャーナリストの数は不明だが、弁護士の数よりやや少な

い2万人前後と思われる。日本新聞協会加盟の新聞・通信社の従業員数は約5万人。企業の中で、女性差別が最もひどいのが新聞・通信社。日本新聞協会の「新聞・通信社従業員数と記者数の推移」（新聞協会経営業務部調べ、各年4月）によると、2018年は97社が回答、従業員合計41464、記者数18734、うち女性記者数3781。女性記者の比率は20・2％。01年の女性記者の比率は10・6％だった。

新聞社がテレビ、ラジオと同資本。外国では禁止。国有地に建てられた本社。地方でも公有地の払い下げが多い。公的機関への天下りも多い。

安倍自公政権は宅配新聞だけを「食料と同じ公共財」として軽減税率を導入した。

①記者の意識　国家公務員Ⅰ種（報道職）のようなエリート意識。記者たちの多くは、社会のエリート中のエリートとして国家を動かしていると自負している。テレビはろくに記者教育もしない。じっくり考えるような人間はいない。新聞・通信社は「記者クラブ」でだめになる。

②異常に高い賃金　事件担当の若い記者は睡眠時間3〜4時間で、かつてのオウムのサティアンのようだ。一カ月の残業が300時間を超えることも。過労で自殺者を出した電通を批判できない。

労働時間は異様に長いが、毎日新聞、産経新聞などを除き、記者の賃金が他業界よりかなり高い。1年目から税込み年収が700万円を超える大手メディア。40代後半から2000万円を超える社も。テレビはもっと高い。知人の読売テレビ管理職は2100万円。田中政権時代にマスコミ界のベアに規制なし。国有地の払い下げ、テレビ局免許を渡す。今は、消費増税で軽減税率を新聞界

に適用の密約（2010年末、菅政権）あり。

③封建的なメディア労働現場　日本のメディアの編集部門は最も封建的で他業種に比べ遅れている。女性記者は長く10％強（70年は1％だった）を超えた程度で、採用時に明らかな就職差別。女性の管理職は1％以下だった。新聞はオジサン（配偶者のほとんどが家庭にいる）がつくっている。男性・「有名大学」卒・非「障害」者。心身障害者雇用促進法を守っているのは特殊法人のNHKぐらい。

身元調査のため興信所を使うほとんどのメディア。いまは中途入社も増えているので、前より細かな身元調査をしている。警察のファイル、公安ファイルを使っている。そのファイルを所有しているのが興信所（元警察官僚が役員や顧問で入っている）。

記者に政治家、高級官僚、弁護士、大学教授の二世、三世も多い。出版社・テレビ局に人気。就職後、数年で辞めていく記者たち。松本サリン、神戸事件で多数の記者が退社。神戸新聞は1年で8人が社を去った。「犯罪報道を根本的に変えなければ、同じ過ちを繰り返す」と幹部に進言して無視されて退社した記者も。深刻な女性記者のセクハラ被害（社内と取材対象者が加害者、夜討ち取材で頻繁に）。「毎日が取材対象者、社内関係者からのセクハラとの闘いだった」（元毎日記者）。「下着を贈るから」とNHK記者にスリーサイズを聞いた県警警官。スカートやキュロットをはかないようにと指示した朝日。大阪では共同通信記者が副署長からセクハラを受け、負傷した。

現場記者に精神疾患が急増している。同大・浅野ゼミから毎年、数人が報道機関に就職したが、何人かが精神科で治療を受けた。2、3年で退社した元ゼミ生も数人いる。「人間らしい仕事をしたい」と新聞社を去り、社会福祉士になった人もいる。

在日外国人はメディアになかなか就職できない。大新聞、通信社は80年代後半まで、外国人をほとんど採用してこなかった。共同に80年代に入った記者は「3月31日までに帰化すること」を条件に内定を得た。NHKは96年が初めて。「日本国籍をとってくれ。中国人の君がワシントンで日本の放送局の特派員をしたらややこしい」と迫ったNHK人事部員。

メディア企業幹部は元左翼活動家の転向組が多い。大手の新聞社やテレビ局の社長のほとんどが元政治部記者で、長く自民党派閥を担当していた。

「親の七光り」極右政治家とメディア幹部の共犯による、憲法無視。日本にしかない記者クラブ制度での権力との癒着が進み、ジャーナリズムは衰退化。

記者は入社前にジャーナリズム教育を受けない。日本の大学には、ジャーナリズム学科がほとんどない。報道の自由の意味、メディア倫理などジャーナリストに不可欠な学問を勉強したことがない。スウェーデンのベテラン記者は 「人権はお金を使って教えないと分からない」「不断の努力を続けないと定着しない」と語っていた。 新聞はその社会のレベル以上にはなれないと言う向きもあるが、メディアに勤務する人たちの方が、一般市民のレベルより断然低いと私は確信している。

新聞・通信社の記者たちは、報道倫理や表現の自由についての教育を十分に受けないまま、警察の記者クラブに放り込まれる。記者クラブでやることは、捜査官と親密になって「信頼関係」を築いて、情報を非公式ルートで入手することだ。メディアの幹部は、「記者クラブで権力を監視している」などと主張するが、現場の実態を見れば、記者の主たる仕事は警察の監視ではないということがすぐ分かる。

⑻いますぐ実行できるメディア改革の実行を

『客観報道　隠されるニュースソース』（筑摩書房、1993 年 1 月）の＜第二章　改革の芽＞＜3　今すぐでもできる 11 の改革＞（68 〜 76 頁）で、記者の署名、情報源の明示、直接話法の活用、他社の特ダネの報道、他社の独自報道の引用、断定を避ける、ミエミエの発表はボツ、取材対象者への謝金禁止、少数者の採用、放送ニュースの公開を提言。あれから 31 年。この 11 項目は、一部、実現しているが、多くはいまだに実現していない。

　日本の情報環境は 1960 年代から大きく変化したが、新聞界だけは、新規参入がない。元毎日新聞記者の大森実氏が 1966 年に「東京オブザーバー」紙（週刊）を創刊したが、3 年間で廃刊。本多勝一氏も新聞創刊を試みたが、断念。当時ジャカルタにいた私にも参加を要請してきた。代わりに 1993 年「週刊金曜日」を創刊した。

　販売ができない。既存の新聞が、新聞用紙を製作する製紙会社に圧力を掛けての独占維持。「函館新聞」vs「道新」の紛争を見れば明らか。裁判所は常に日本新聞協会加盟の大手紙、有力地方紙（ブロック紙と県紙）を勝たせる。

　花田教授は、ジャーナリスト保険などのセイフティネット、個人加盟の職能組織、プレスカウンシルの設立を提言している。前述のメディア研究者で花田氏は高く評価できる。

永田クラブの規約（一部略）

　　　永田クラブ（内閣記者会）規約制定　昭和　三二、二、一八
　　　改正　昭和　三六、一〇、三〇
　　　改正　昭和　三七、四、一〇
　　　改正　昭和　四〇、一、一四
　　　改正　昭和　四六、二、一九
　　　改正　昭和　四七、六、七
　　　改正　昭和　五九、七、一
　　　改正　平成　一三、一、六

第一条　名称　このクラブは永田クラブ（内閣記者会）という。

第二条　目的　このクラブは、内閣など、当クラブの取材範囲にある
　　　　政府機関の取材の便宜と会員相互の親睦をはかることを目的
　　　　とする。

第三条　会員資格
　第一項　このクラブの会員は、日本新聞協会に加盟している新聞、
　　　　通信社および放送機関の記者で、内閣などを担当するものと
　　　　する。会員（オブザーバー会員を含む）はクラブ規約を守ら
　　　　なければならない。
　第二項　会員の種類
　　　　このクラブの会員は、常勤会員と非常勤会員で構成される。
　　　　これとは別に、オブザーバー会員の加入も認めることができ
　　　　る。
　　　　常勤会員と非常勤会員の区分は、加盟を認められた社の申請
　　　　に基づき、総会がその取材活動を認定して決める。
　第三項　オブザーバー会員
　　　　オブザーバー会員は、第三条第一項の資格にもとづかない新
　　　　聞、通信、放送関係記者で、原則として、日本新聞協会に加
　　　　盟している新聞通信社と特約関係をもつ報道機関の記者とす

る。ただし、雑誌、週刊誌、政府、政党、労組等の機関紙、業界紙などの記者の加入は認めない。

このほか、外国の新聞、通信、放送関係社で、日本新聞協会加盟社と同様の新聞通信活動を行なっている記者の加入を認めることができる。

第四条　加入

このクラブに、新たに会員として加入しようとする社は（オブザーバー会員を含む）すでに加入している常勤会員社の二社以上の推薦を受けた入会申込書に入会者名を記して幹事に提出し、第六条第三項但し書の手続きによる総会の承認を得なければならない。

総会の承認をうけて、このクラブに入会するときには、入会金を納入する。

第五条　会員の変更、加盟社の退会

会員（オブザーバー会員を含む）の名義変更が必要となったときは、名義変更届を幹事に提出し、幹事は代表者会議の承認を得て認める。

このクラブを退会するときには、退会届を提出しなければならない。

第六条　総会

第一項　最高機関

このクラブの最高意思は「総会」で決める。

第二項　総会を開く必要があるときは、幹事の発意、または、常勤会員の五分の一以上の要求によって召集することができる。

第三項　総会の成立

総会は、常勤会員の過半数で成立し、その決定は、出席者の過半数の賛成による。但し、会員または加入社の処分、その他、総会が出席の過半数で、とくに重要と認めた議題の決定を行なう場合は、総会は、常勤会員の過半数の出席（常勤会員で、やむを得ない事情のため、総会に出席できない者は、常勤会員に委任状を委託したことをもって出席したものと認めることができる）によって成立し、その決定は、出席者の三分の

二以上の賛成を要する。

非常勤会員は総会に出席することができるが、議決権をもたない。

オブザーバー会員は、総会への出席、議決権は認められない。

総会の決定事項は、幹事が記録簿に記入する。

第七条　幹事

クラブに幹事若干名を置き、その任期は二カ月とする。

幹事は幹事活動に支障がない常勤会員の中から総会で選任する。

幹事は、会員の意思を尊重して、クラブの日常の運営にあたる。

幹事がクラブの運営について、重要な決定をしようとするときは、常勤加盟社の代表会議、または総会にはかり、その承認を求める。

第八条　クラブ運営

第一項　クラブ活動

クラブは、取材上の便宜のため、記者会見などを主催する。

クラブ主催などの記者会見は、原則として、会員以外のものの出席を認めない。ただし、加盟社の記者、カメラマンなど幹事が認めたものは、この限りではない。

オブザーバー会員は、首相、官房長官の公式記者会見に出席することができる。会見は日本語を使い、通訳の使用は認めない。ただし、首相との会見に限り、発言は幹事の承認を必要とし、時間的制約などから発言を幹事が代行するか、認めないこともありうる。

第二項　便宜供与

常勤会員は、日常、首相官邸などのクラブ室と、その備品を使用することができる。非常勤会員とオブザーバー会員は、クラブの電話使用を除いて、その便宜が制限される。しかし、内閣広報室（報道担当室）が公式に発表した記事資料については、会員と同様の便宜を受けることができる。

第三項　代表者会議

クラブ運営の円滑化を図るため代表者会議を設ける。

代表者会議は、常勤会員各社のうちから、任意に選んだ代表
　　　者をもって構成し、クラブ運営についての会員の意見調整、
　　　幹事の相談などに応える連絡機関をする。
　　　代表者会議で了解された事項は、会員に伝達されたものと認
　　　める。
　　　代表者会議の決定で幹事が重要と認めるものは記録簿に記入
　　　する。

第九条　　会計
　　　このクラブの経費は次の方法でまかなうこととし、その収支
　　　は、幹事の交替期に総会に報告承認を求める。
　　　（1）新規加入者は入会金として四千円を納める。
　　　（2）会費は会員一名について月額六百円とする。
　　　(3)春秋二回の総会費は各壱千円を常勤会員から徴収する。
　　　（4）冬期（十一月〜二月の間）においては、薪炭費各社壱
　　　　　千円を徴収する。
　　　（5）六、十二月は、給仕手当てとして（1）とは別に会員
　　　　　一名について六百円を徴収する。
第十条　慶弔／このクラブの常勤会員がつぎのことに該当する場合は、
　　　慶弔見舞の意を表する。結婚（弐万円）／傷病1ヶ月以上に
　　　わたるとき（弐万円）／死亡（参万円）
第十一条
　第一項　会員又は加入社がこのクラブの目的及び規約に背いた行動
　　　をしたりまたはこのクラブの名誉を損うことがあった場合に
　　　は次の処分を受ける。／陳謝／戒告／一定期間のクラブ活動
　　　停止／除名
　第二項　取材報道上の原因で生じた紛争については、本クラブ常任
　　　幹事社の主管部長で構成される特別委員会に、クラブの意向
　　　を報告して、その処理を一任する。
第十二条　規約の改正　このクラブの規約を改正しようとする場合に
　　　は、第六条第三項但し書による。

　　　　　〔浅野 注：永田クラブ規約は公開されていないが、ある
　　　　　新聞記者が筆者に20年、PDFで提供してくれた〕

第Ⅲ部

市民に厳しく公人に優しい報道現場の劣化

【写真】
（右上）林眞須美さんの無実を訴える映画『マミー』（二村真弘監督）のポスター
（右下）第26回多田謡子反権力人権賞を受賞した袴田巖さん・姉のひで子さんと、2014年12月20日、東京・お茶の水の連合会館で
（左上）鹿児島県警隠蔽事件を告発する前県警生活安全部長からの手紙（小笠原淳さん提供）

(1) 和歌山毒物カレー事件
無実の林眞須美さん支援の学習会で講演

　7月21日、大阪市の社会福祉法人ピースクラブ（大阪市浪速区大国）で、「林眞須美さんは無実！ あおぞらの会」主催の学習会が開かれ、約70人の市民、労働者が参加した。

　私が最初に約1時間、「無実の林眞須美さんの再審開始・釈放を実現しよう―捜査・裁判・報道が共謀したでっち上げを検証」というタイトルでAI音声、パワーポイントを使って講演した。

　第二部は、林眞須美氏・健治氏夫妻の長男、林浩次氏と私で対談。コーディネーターは狭山闘争を闘う村上薫氏。浩次氏は映画「Mommy　マミー」（二村真弘監督）で使われている仮名。浩次氏はSNSなどでは、「和歌山カレー事件 林 長男 @wakayama-curry」という名前を使っている。

　眞須美氏は民衆の間で悪い印象を持たれている。カレー事件があった1998年夏、自宅を包囲した報道陣に水をまく映像が度々流されたのが刷り込まれている。浩次氏は対談の中で「家の敷地内に不法侵入を繰り返したマスコミ人は、『今日は雨カッパをかぶっているんで、水かけてください』と母親に言い、水をかけた瞬間、カメラでパシャッパシャッと撮り、全国にバラ撒いた」と述べた。初めて聞いた話だ。

　映画を見たメディア記者は「僕たちは犯人だと思ってあの当時は記事を書いてきた。映画は、当時やってきたメディアは間違いだと言っている。当時やっていると言ったのを曲げたくない。僕たちが書いてきたことが誤報になってしまうじゃないか」と言っているという。 浩次氏は「書いてきたことが、再審が開始され

た時点で全部誤報になってしまう。自分たちの間違いを認めたくない。それを今更掘り返すな、という気持ちもあるみたいだ」と分析した。

私は会場の参加者に、「疑わしきは罰せず」という法理があるが、疑わしいのは誰なのか」と聞いた。参加者が「明確な証拠がない限り、いかに被告人が怪しいとしても、基本的には無罪という原則」と答えた。

しかし、「疑わしきは罰せず」というのは、眞須美氏は怪しいけど、犯人かどうかはっきりしないから罰せずということではなく、証拠を集めた警察官と起訴した検察官が公開の裁判で、眞須美氏が加害者であるという証明を、疑いの余地なく証明しない限り、無罪とするというルールだと説明した。捜査当局の主張が疑わしい時は被告人の利益にという考え方で、これが無罪の推定という意味だ。

浩次氏は「この映画を広め、母親のことを支援してほしい」と訴えた。

学習会が終わった後、河合潤京都大学大学院工学研究科教授（現在、名誉教授）が「河合です。講演の中で、『鑑定不正 --- カレーヒ素事件』を紹介してくださり感謝します」と挨拶に来てくれた。河合教授は、眞須美さん死刑判決の決め手とされた「ヒ素の鑑定」の正確性と死因に関わる証拠について、根拠となった中井泉東京理科大学教授のSPring-8による鑑定の誤りを指摘してきた。

河合教授は交流会で、「映画の中で、中井教授が二村監督のインタビューに答えているが、前の鑑定を引っ込めて、まったく違うことを言っている。有罪の根拠が崩れた」と強調した。

学習会の成功と、「映画」公開で、眞須美氏の再審開始への動きが強まると思う。学習会には、毎日新聞記者が参加し、質疑応

答で発言もしてくれた。NHKと共同通信の記者が来ていた。近畿のジャーナリストが、26年前の眞須美さん有罪犯人視報道を検証し、死刑判決に至る司法手続きが妥当だったか、本当に眞須美さんは犯人なのかを調査報道してほしいと願う。

　カレー事件については『報道加害の現場を歩く』（社会評論社）の第6章「『ペンを持ったおまわりさん』を司法が認知」に詳しく書いている。

　私は林家がマスコミに包囲されているのを見て、1998年9月2日、林家の郵便受けに著書と手紙を付けて投函した。すぐに、眞須美氏から連絡があった。その後、林夫妻の逮捕まで、夫妻の子ども4人にも何度か会った。浩次氏は小学生だった。

　事件発生から1カ月がすぎた8月25日に、朝日新聞が「事件前にもヒ素中毒　関係者近く聴取」と"スクープ"。「地区内の同じ民家」で飲食した可能性のある二人の男性が、今回の事件発生前に毒物中毒とみられる症状で入院しており、一人からヒ素が検出されたというのだ。にわかに地区内のある特定の夫妻が「被疑者」扱いされ始めた。

　最初に家に来たのは朝日新聞大津支局の峯村健司記者。事件発生の5日目ごろだった。それから毎日のようにお土産とかを持って家に来た。その後、和歌山支局の山崎崇記者も来た。二人は家を休憩所にように使って、ごろりと横になったりしていた。野瀬という記者も周辺にいた。浩次氏は「峯村記者は24歳だと言っていた。林さんたちが犯人ということになったら、私も逮捕され会社をクビになる。犯人ではないと確信するから、ここに来ている。会社の同僚からも、まずいのではないか、と言われるが、お二人は無実だと思うから来ていると言っていた」と話した。後で問題になった保険金のことだが、眞須美氏は、私が日本生命に勤

めていたことは峰村記者にしか話していないと主張している。

　眞須美氏が無実なのに死刑囚にされていまも投獄されたままになっているのは、朝日新聞の報道と、それに続く、元読売新聞記者のコメンテーター、大谷昭宏氏が先導しての林氏包囲のメディア・フレンジー（フレンジーは狂食の意味、メディアスクラムは誤った用語）が主な原因だ。

　刑事事件に関わった一般市民への集団的過熱取材を「メディア・スクラム」と呼ぶのは誤っている。メディア・フレンジー（狂乱、取り乱しという意味だが、筆者は凶乱と訳している）が正しい表現だ。「メディア・スクラム」という用語は、故・原寿雄氏（元共同通信編集主幹、元新聞労連副委員長、筆名・小和田次郎）が最初に使った。しかし、米国メディア事情に詳しい井上泰弘広島市立大学教授らが指摘するように、メディア・スクラムは英語では文字どおり、メディアが連帯し、スクラムを組んで取材・報道するという意味で、悪い意味で使う言葉ではない。

　峯村氏は北京・ワシントン特派員、外交・米中関係担当編集委員になったが、安倍元首相の代理で週刊誌に圧力をかけていたスキャンダルで退社。今は青山学院大学客員教授、キヤノングローバル戦略研究所主任研究員、日本防衛学会会員だ。NHK・鴨志田郷記者はロンドン特派員などを経て解説委員。共同通信の木村一浩記者は外信部などを経て2003年からカブール支局長、カイロ特派員、ワシントン特派員などを経てバンコク支局長だ。文藝春秋の入江一正氏、フリーライターの大林高士氏も、林氏宅へ入りびたっていた。

　峯村氏は台湾有事などでテレビに出ている。鴨志田氏もガザ問題などでテレビ、ラジオで頻繁に出演している。普通なら、恥ずかしくて街を歩けないと思う。

眞須美氏は24年2月、和歌山地裁に3回目となる再審請求（2月5日に再審請求書を送付）をした。請求書によると、祭り会場にあった紙コップのヒ素と、林死刑囚の自宅で見つかったヒ素とが同じだとする鑑定は誤りであり、林死刑囚の毛髪からヒ素が検出されたとの鑑定も誤りだったと主張。また、不審な行動を見たと証言した近隣住民について、実際には目撃が不可能だったと示す航空写真も新証拠として提出した。眞須美氏は「私はやっていない」と無実を訴え続けている。

6月25日、東京・渋谷で二村監督の映画「Mommy　マミー」のマスコミ試写会に行った。無実の林眞須美さんの再審実現に向けて大きな力になる映画だ。2年前に私もこの映画のために長時間インタビューを受けた。二村監督に提供した私の写真が何枚か使われ、エンドロールに協力者として名前を入れてくれている。

浩次氏の思いを軸にした展開で、林さんがカレー事件の犯人ではないことがわかる。当時の裁判官、捜査官、御用記者を取材している。

映画の中で、二村監督は峯村氏に取材している。眞須美氏が冤罪ではないかという問いに、「私はある意味で当事者になっているので、取材することはない」という趣旨の発言をしている。眞須美氏を犯人にでっち上げたことに向き合い、真実を究明すべきではないか。

二村監督が、死刑判決への自分の疑問から取材を重ねて完成した作品だ。

二村氏は22年8月、インタビューの後、私にこう連絡してきた。

　　［カレー事件が起きた当時の、メディア・フレンジーの状況
　　下で、浅野さんが文字通り孤軍奮闘されていたことに心動か
　　されると同時に、浅野さんがおっしゃっていた通り、現在に

おいても何ひとつ変わっていないことに愕然とします。

　私がひとつのエピソードとしてお伝えした、共同通信の若い記者がカレー事件の記事を上司につぶされたという話は、確かに、そうした抑圧に抗うことこそが必要なのだと、浅野さんの話を聞いて、認識を改めました。私自身も今回、カレー事件の冤罪の可能性を追求するドキュメンタリー映画制作を思い立ったのも、番組企画として、NHKから民放すべてのテレビ局に提案したものの、「再審が始まらないと取り上げられない…」「冤罪かどうか、著名な人で明言している人はいないの？」など、独自に再検証するという発想がまるでなく、言下に却下され続けたことにあります。

　それならば自分で取材し、できる限り再検証をして、その結果をドキュメンタリー映画として公開しよう、と考え動き始めた次第です。

　本日の浅野さんのお話は、今後私が取材を進める上での指針となるようなものばかりで、強烈な刺激になりました。」

　この映画は上映前から関係者への誹謗中傷などが相次ぎ、配給会社「東風」は、映像の一部を加工して配信するという異例の措置を講じると発表した。

　大島新氏（ドキュメンタリー監督）は「この映画はスクープだ。そして誤解を恐れず言えば、痛切なるエンタメ作品だ。「執行されてしまったら取り返しのつかないことになる」と思い、調べ始めた二村真弘監督の取材の深さはもちろん、撮影・構成・編集などの表現力も一級品。同業者として脱帽、と同時に嫉妬した」とコメントしている。

　「マミー」は８月３日から全国各地で公開されている。朝日新聞、毎日新聞、東京新聞、日経新聞が文化面に「マミー」の映画

評を載せた。日経新聞は 8 月 13 日に一面「春秋」でも取り上げた。映画を見た記者たちが眞須美氏を死刑囚にした捜査・裁判・報道を検証してほしい。

(2) 袴田巌さん再審裁判から学ぼう

私は袴田巌さんを約 40 年前から支援してきた。1984 年 11 月 17 日、清水市（当時）で開かれた支援会主催の集会で講演。1996 年 11 月 30 日にも講演したことがある。08 年 11 月、東京の専修大学で開かれたシンポジウム「裁判員制度で冤罪はなくなるのか」（主催は専修大学今村法律研究室、室長・矢澤昇治専修大学法科大学院教授）で、袴田さんの姉、袴田ひで子さんと弁護人は袴田さんの再審開始を訴えた。

同志社大学で 15 年 6 月 14 日に開かれた日本マス・コミュニケーション学会春季研究発表大会〈ワークショップ 7　警察リークと犯人断定報道─袴田事件から氷見事件まで〉（司会・浅野）で、人権と報道・連絡会の山際永三事務局長（映画監督）が、袴田さんの逮捕から死刑確定までの犯罪視報道と警察官によるリークの関係を発表。ひで子さんもワークショップに参加して発言した。

ひで子さんは学会の翌日の 15 年 6 月 15 日、京都市深草にある龍谷大学本部で山際さん、私と共にゲスト講義（龍谷大学法学部主催）の講師を務めた。

昨年 12 月 18 日、「袴田事件がわかる会」の招きで浜松に招かれ講演の機会を与えてくれた。主催者は「袴田の取材に来る若い記者達に勉強してほしいと思うと同時に、多くの人に真のジャーナリズムとは何かを教えて頂きたかったからだ」と話した。

袴田巌氏の再審初公判は 23 年 10 月 27 日、静岡地裁（国井恒志裁判長）で開かれた。

袴田さんの逮捕令状発付から有罪確定までのメディア報道はアンフェアだった。事件を担当した裁判官も、マスコミ報道がプレッシャーになったと証言している。

報道各社は、警察・検察・裁判所の責任は追及しているが、企業メディアの自らの取材・報道の問題に関する言及がない。免田事件では、熊本日日新聞が免田氏の捜査段階の取材・報道を検証するなど、冤罪事件で過去の報道を検証したメディアもあったが、足利事件、布川事件などの冤罪事件が明らかになって以降、こうした検証作業が見られない。

再審裁判は 24 年 5 月 22 日に結審し、9 月 26 日に判決が言い渡される。

(3)西山美香氏国賠裁判で山本誠証人らを仮名報道

2003 年に滋賀・湖東記念病院で起きた入院患者死亡事件で、懲役 12 年の刑で服役した後、再審無罪になった西山美香・元看護助手が、国と滋賀県に対し 4300 万円の損害賠償を求めた国家賠償請求訴訟で、大津地裁民事部（池田聡介裁判長、田野倉真也・右陪席、高橋唯・左陪席）は 24 年 5 月 23 日、証人尋問を行った。出廷したのは、西山さんの取り調べを担当した山本誠・県警捜査一課巡査部長（当時、その後、長浜警察署刑事課長、東近江署地域課日野警部交番所長などに昇進、現職は不明）だ。

20 年 3 月の大津地裁（大西直樹裁判長）の再審無罪判決は、「取調官（山本氏）は西山さんの自分への恋愛感情に乗じて供述をコ

ントロールしようとした」と、自白調書を証拠から排除し、患者は「他の原因で死亡した」と判示していた。山本氏は取り調べ中に、西山さんの好物のオレンジジュース、ケーキなどを贈り、初公判の直前には拘置所で面会し、裁判での口裏合わせを依頼している。

　山本氏は無実の西山さんを誘導して虚偽の自白を強要した捜査官で、公人中の公人が公開の法廷で証言したのに、メディアは山本氏の実名、肩書を報道しなかった。各社は山本氏を、「取り調べを担当した県警の男性警察官」（共同通信）「『自白』をめぐって因縁浅からぬ、当時の取り調べ官」（毎日放送）などと表現した。各社は県警に忖度して、山本氏を仮名にすると談合したと思われる。

　原告側の井戸謙一弁護団長は「公務員がした公務の不祥事だから、匿名にする必要はないと思う」と指摘した。

　証人尋問では、午前中、県側の訴訟代理人の竹内雅和弁護士（滋賀弁護士会）の尋問で、山本氏は「西山氏が自ら自白した」「誘導などは一切ない」と語った。また、西山さんが県警内で「手のかかる人物」とされていたと述べた。

　井戸弁護団長、池田良太弁護士らの反対尋問で、山本氏はジュースなどを差し入れしたことも否定した。西山さんが自分に恋愛感情を持っているとは思わず、信頼関係は構築していたが、それは、あくまで取調官と被疑者としての信頼関係だと言い張った。

　西山さんが自ら質問に立ち、約三分間山本氏と相対した。「いすを蹴ったり机を叩いたり本当にしていないか」と問い質すと、山本氏は「していない」。質問を重ねても否定され、西山さんは法廷の机を強く叩き、「本当にバンバン叩かなかったか」と迫った。それでも山本氏は証言を変えなかった。

5月30日の弁論では、山本氏の上司だった時田保徳県警捜査一課課長補佐（当時、定年退職）の尋問があった。時田氏は「供述の任意性に留意するよう指示していた」と話した。患者が「たん詰まり」で死亡した可能性を示唆する文書が検察側へ送致されていなかったことについては「記憶にない」と証言。「捜査記録で、メモのようなものは送致しないで、別途『不送致記録』としてファイリングして県警に保管してあった。警察官が個人として行っているのではなく、課長、署長も了解済みだった」と明かした。

近畿の全メディアは時田氏を仮名で報じた。

(4) 国賠裁判で「犯人と思う」暴言の 坂本信行警察官を実名報道せよ

大阪市東住吉区で1995年に長女を亡くした火災を巡り、放火殺人の罪に問われ無期懲役の刑で服役した後、再審無罪になった母親の青木恵子氏が、国と大阪府に計約1億4600万円の損害賠償を求めた訴訟で、大阪地裁（本田能久裁判長）は23年3月15日、府に約1220万円の賠償を命じた。

本田裁判長は大阪府警による捜査について、「担当の警察官は、青木さんに娘の写真を見せて助けられなかったことを責め続け、体調を崩しても配慮せず、長時間大声を出して厳しく取り調べた」と違法性を認めた。しかし、国に対する請求については、「違法とまでは断定できない」として棄却した。

裁判長は22年11月、双方に和解を勧告。「検察官も証人尋問に関する対応には大いに疑問がある」とし、国と府に一定の和解金を支払うよう求めた。だが、国は協議に出席せず、23年1月

に和解協議を打ち切っていた。

青木氏は私の取材に、「地裁はずっと私に理解を示し、和解勧告では検察の責任を認めていたのに、判決でひっくり返した。裁判官たちに騙され、傷つけられた。高裁では、検察の責任を認める判決を求める」と述べた。

本田裁判長は判決で、元警察官が青木氏の前で「今も犯人だと思う」と証言したことについて、「青木さんを傷つけただけでなく根拠のない誹謗中傷を招きかねない」と批判し、賠償額に反映させたと述べた。

この元警察官の証言は22年2月12日の第14回口頭弁論で行われた。報道各社はこの元警察官の実名、住所、役職を伏せているが、地裁の証人調書によると、府警捜査一課火災班の坂本信行氏（当時）だ。坂本氏は約10年前に定年退職しているという。

二人のやりとりは次のようだった。

「私を犯人だと思いますか」。「思います。あなたは自供書をとてもきれいな字で書いた」。「では、裁判所の判断は間違いですか」。「それはわかりません。裁判所の判断ですから」。

朝日放送（ABC）は「自白の強要を悔やむ様子は、25年以上が過ぎたいまもまったくみられなかった」と伝えた。

青木氏は「私が尋問したら、急にシャキッとして、『はい、（犯人と）思ってます』とはっきり述べた。無罪になった人間を目の前にしても、まだそんだけ、言うかという思いだ」と話した。

青木氏は「坂本の証人申請は、府と私の両方だったから実現した。府側は井上弁護士（親子）が尋問をしていた。国は尋問しなかった。やめておく方が良いと思ったのだろう。私の証人尋問の時だけ、しっかりした」と振り返る。

府警が坂本氏の暴言に関して、何も言わないのも問題だ。

関西のテレビ各局はニュースで、坂本氏の実名を報じなかった。報道各社は、西山氏に違法な捜査をした滋賀県警の山本誠刑事の実名も報道していない。

日本新聞協会は22年3月10日、事件事故の犠牲者の実名報道について「社会で共有すべき情報を伝え、記録することが報道機関の責務」などとする考え方を公表した。また、4月1日施行の改正少年法では、正式に起訴された18、19歳の「特定少年」の実名広報が始まる。

私は、判決を伝えるニュースで、坂本氏の暴言を詳しく報じたNHK、朝日放送、毎日報道、読売テレビに、①実名原則のメディアがなぜ坂本氏を仮名にし、役職も報じないのか、②坂本氏に取材をしたか、③坂本氏の証言があった日に、発言を報じたか―を質問した。

NHK大阪放送局は3月30日、「個別のニュースに関する取材内容や編集判断ついてはお答えを差し控えさせていただく」と回答。

ABCテレビ広報部は23日「国家賠償訴訟で、公務員の違法行為に関して、賠償責任を負うのは国または地方公共団体。被告も公務員個人ではない。これらを踏まえ、法的責任を負わない個人の実名は報じず、役職に関しては実務内容に即して視聴者にわかりやすい形で、『捜査員』『取調官』と表現した」と答えた。また、「（坂本氏に）直接取材を試みたが、叶わなかった」「証言に関しては、21年2月の弁論当日にも報じている」と答えた。

毎日放送の池﨑光恭報道部長は「出廷した際には既に大阪府警を退職していたことから、『青木さんを取り調べた元警察官』と表記した」「坂本氏が去年2月に出廷した際、取材を試みた。コメントは得られなかった」「21年2月12日に報じている」と回

答した。

　読売テレビからは回答がなかった。

　この裁判では、青木氏の代理人の加藤高志弁護士の実名は出たが、国と府の訴訟代理人の実名は全く出ていない。訴訟記録によると、国の代理人は大阪法務局訴務部の清水真人、飛田由華両検事ら。府の訴訟代理人は井上隆晴、井上卓哉両弁護士らだ。

　無実の市民を21年間も投獄した権力犯罪の首謀者の実名を書けない報道機関に、無罪を推定されている私人の被疑者・被告人の実名を報道する権利はない。

(5) 遺族22人の匿名要請を踏みにじり 実名報道した報道各社

　2019年7月、京都アニメーションの第一スタジオが放火され36人が死亡した事件で、殺人などの罪に問われた男性被告人（以下、男性）の裁判員裁判で、京都地裁（増田啓祐裁判長）は24年1月26日、事件当時、物事の善悪を判断する責任能力があったと認め、死刑を言い渡した。

　この裁判では、ほとんどの犠牲者が匿名で審理された。キシャクラブメディアは「匿名審理」を度々非難した。

　弁護団は量刑審理に当たり、死刑制度そのものを検討すべきだと問題提起していた。

　「実名原則」を掲げる報道各社が、公判に出廷している検事3人と弁護人5人の氏名を全く報じないのは理解できない。昔は刑事裁判の開廷票には検事、弁護人の氏名があったが、オウム事件以降だと思うが、裁判長以外は名前がない。

朝日新聞と新潮デイリーが、遠山大輔弁護士（京都弁護士会刑事委員会元委員長）らの国選弁護士が選任されたと報じている。法曹三者は公人であり、顕名報道すべきだ。

この事件では、犠牲者の実名報道にも問題があった。36人の犠牲者の遺族のうち22人（後に21人）が匿名を希望したのに、スポーツ紙3社と毎日放送を除くキシャクラブメディアは京都府警に全員の実名広報を迫り、遺族の要請を無視して実名を報じた。

京アニは事件の3日後の7月21日、同社のネットのHPにアップした文書で、「遺族のプライバシーが侵害され、甚大な被害を受ける可能性がある」として、報道関係者への取材の自粛と被害者の匿名報道を求めた。京アニの代理人、桶田大介弁護士は同日までに、府警と報道機関へ実名公表（報道）を行なわないよう書面で申し入れていた。

府警は京アニ側の要請もあり、死亡者の氏名を19年8月2日まで一切発表しなかった。これに対し、府警新聞記者クラブは府警本部に対し、死亡者の身元に関し、「速やかな実名公表」を申し入れた。また、同クラブ加盟の報道各社が中心になって構成する「在洛新聞放送編集責任者会議」（12社、当時の幹事社は毎日新聞）は19年8月20日、植田秀人京都府警本部長宛に「犠牲者35人のうち未公表の25人の身元を速やかに実名で公表するよう求める」とした文書を提出し、府警に異例の要請を行った。

新聞各紙は、「実名原則」を擁護する専門家の“メディア企業用心棒学者”（故・山口正紀元読売新聞記者）のコメントを載せた。

立教大学名誉教授の服部孝章氏（メディア法）は「週刊新潮」19年9月12日号で、「実名で被害者を報じることは事件の全体像を語り、亡くなった方が生きてきた証を後世に刻むことでもあ

る」とコメント。水島宏明上智大学新聞学科教授も「報道が"匿名でもいい"となった途端、後から検証ができないフェイク情報があふれることが危惧される」と語った。

約20年前に立教大学の服部ゼミと同志社大学浅野ゼミで「大学生の被逮捕事件での実名報道」について議論したことがある。服部ゼミの学生たちは「入試を受ける受験生にとって、被疑者の通う大学の名前は必要な情報だ」などと言っていた。本当に一般刑事事件の被疑者の通う大学の名前は「知る権利の対象なのか」と浅野ゼミの学生は反論した。

合同ゼミの数週間後に、立教大学の学生たちが刑事事件で逮捕される報道がいくつか続いた。服部ゼミの学生の意見が変わったかどうかは知らない。

服部氏は40年前、『犯罪報道の犯罪』を絶賛し、自身が編集委員を務めていた「放送批評」1984年12月号に私のインタビュー記事を載せている。人は変わるものだ。

京都府警新聞記者クラブは法人格のない任意団体だが、府警察本部本館1階にある県警記者室を占有使用している。クラブの加盟社は京都新聞、朝日新聞、毎日新聞、読売新聞、日本経済新聞、中日新聞、共同通信、時事通信、KBS京都放送の10社。クラブは私の取材に対し、加盟社数、クラブ構成員数も明らかにしなかったので不明である。

なお、府警記者室を府警新聞記者クラブと共に占有使用する在阪民放4社京都支局協議会(通称・民放クラブ、朝日放送、毎日放送、関西テレビ、読売テレビ)もある。府警記者クラブでは、民報4社を「クラブの準加盟社」と扱っている。

私は19年12月6日、京アニ事件で、府警新聞記者クラブに属する報道機関が同年8月以降、一部遺族の「実名報道拒否」

の要請を無視して、集団で「実名報道」を強行していることに関し、京都弁護士会に人権救済の申立てを行った。私は、申立ての後、京都地裁の1階にある京都司法記者クラブで会見した。

府警新聞記者クラブには非公開の「幹事社」があるだけで、所在地も不明で、事務局、ホームページなど何もない。

京アニ事件から約2年たった21年7月16日、京都弁護士会の大脇美保会長から簡易書留郵便で、「御通知」と題した郵便が自宅に届いた。本文はたったの3行・111字だった。

　　[貴殿からの2019年（令和元年）12月6日申立の人権救済
　　申立につきましては、去る7月1日開催の当会人権擁護委
　　員会において「本調査不開始」とする旨の議決がなされまし
　　たので、この旨ご通知申し上げます]

捜査一課はフリー・ジャーナリストの私には「記者クラブに入っていない人には、死亡者の氏名を教えることはできない。クラブで氏名を教えたのはクラブへの便宜供与であり、公表ではない。公表したという報道は誤っていると記者に伝えている」（高尾直幸捜査一課次席）と表明していた。

捜査一課は36人の死亡者のうち、21人の遺族が「マスメディアによる実名報道を拒否している」ことを繰り返し伝えたにもかかわらず、主要メディアは「府警が犠牲者全員の氏名を公表した」と偽って一斉に報道した。

8月27日に府警が25人の氏名を府警クラブに限定開示した際、日刊スポーツ、スポーツ報知と毎日放送（MBS）ローカル枠は、府警の遺族の意向を尊重して21人の実名報道を控えた。

府警は、犠牲者の身元確認が終わった後、①実名報道の可否、②取材の可否、③取材OKの場合に誰がどこで取材に応じるか、④住所はどこまで出すか—を遺族に聞いた。担当の刑事たちはア

ンケート用紙を使って聴き取りをした。

　府警の実名報道に関する確認手続きは本来、報道機関がやるべきことだ。報道界の業界団体である日本新聞協会、日本民間放送連盟、NHK などが遺族から意向を聞く組織をまったく作っていないために警察などの行政機関が代行しているのだ。

　事件事故の被害者の遺族が、警察などの官憲以外に「匿名」を希望する意志を伝える仕組みが日本のマスメディアにはない現状が問題ではないか。マスメディアが「警察発表によると」として実名報道する構造がある以上、警察は遺族の意向で仮名発表するしかないのが現状だ。

　マスメディアは、警察が遺族に実名報道に関し確認を取るのは異例と書いているが、これもウソだ。日本の警察は 1990 年代から、遺族に実名報道の可否を聞いている。

　兵庫県尼崎市の JR 福知山線脱線事故で、兵庫県警は死亡者107 人（死亡した運転士を含む）の遺族から身元確認の際、実名報道に関する意向を聞いている。107 人のうち 4 人が今も実名発表を拒み、県警は四人の氏名を公表していない。

　外務省は海外で事件事故の犠牲者について、遺族に実名公表の可否を聞いている。2000 年 11 月のオーストリアケーブルカー火災事故で、福島県猪苗代町立猪苗代中学校のスキー部員五人と引率のスキー部員の父親一人、慶應義塾大学のスキー部員二人が死亡したが、遺族の全員が実名報道を拒んだ。タイ、インドネシアでの津波で犠牲になった日本人やアフリカでのテロ事件などの犠牲者の多くが実名公表を拒否している。

　なぜ大事件で死んだ人だけが、名前を報じられるのかわからない。少年事件や強かん事件は、氏名が出ないが、きちんと事実は伝わっている。京アニ事件でも負傷者の氏名は出ていない。記者

クラブは府警に対し、負傷者の氏名を発表せよとは一言も要求していない。

　メディアは、警察が情報をコントロールすると危険だと言っているが、少なくとも京アニの社員、顧問弁護士は、被害者の氏名を知っている。知る必要のある人には伝わっている。警察だけが知っているわけではない。

　メディアが、遺族の意向を無視して実名報道したのは、死んだ人は文句を言えないと高をくくっているからだとしか思えない。

　捜査一課の高尾次席は私の電話取材に対し、「京アニから、要請があったのは事実だ。犠牲者の身元を確認して、ご遺族にお返しする際、氏名の公表についてどうするか聞いているが、賛否がばらばらに分かれている。態度表明のない人もいる。府警だけでは決められない。同じ遺族の中でも、配偶者、親、子どもで意見が異なることもある。その場合は、葬儀で喪主となる親族の方の意向を尊重している。京都新聞に不満を述べた遺族は、直近の家族ではない方だろう」と話した。

　報道各社は、日本共産党のしんぶん赤旗が 1989 年末から、匿名報道主義で事件事故を伝えているのを勉強した方がいい。

　大事件が起きる度に、報道界の中に、被疑者と被害者の家族へのメディア・フレンジーを防ぐために、新聞・通信社、放送各社の統一の窓口をつくって対応しようと呼掛ける動きもあるが、実現していない。被害者遺族も被疑者の家族も、報道側に窓口がないから、警察に頼むしかない。報道評議会・プレスオンブズマン制度のない日本の不幸だ。

⑹英米では被害者は実名というウソ

　全国の報道機関が、遺族が実名報道を拒否しているのに、ほぼ一斉に36人の実名を報道した背景に、共同通信のかたくなな「実名原則」方針があるのではという地方紙幹部がいる。幹部は、「共同通信から送られてくる『編集週報』で、編集幹部が『犠牲者は実名が原則』と強調し、理論武装が必要とまで檄を飛ばしている」と私に話した。

　問題の「編集週報」は8月31日号（第2662号）で、ニュースセンター長が＜▽実名の重み＞と題して書いた文章とわかった。末尾に＜（センター長・沢井）＞という署名がある。

　＜圧倒された。8月11日付の米ワシントン・ポスト紙が発行した12ページの別刷り特集。「失われた命」という見出しを取り囲むように、人種も性別も年齢も様々な人たちの顔写真が見開きで並んでいる。その数413人＞

　この後、米国各地の銃乱射事件の犠牲者の全氏名を載せた新聞のことが紹介されて、次のように書いている。

　＜昨年、社内で開いた記事検討会で、「実名報道」の講師を務めた特別報道室の澤康臣編集委員は、「ニュースは歴史の第1稿」というワシントン・ポスト紙の元社主フィリップ・グレアムの言葉を紹介した上で、「歴史は具体的で検証可能な記述が必須。匿名でも伝えられるのではなく、伝えられることもあるに過ぎない」と、なぜ実名が必要なのかを各部のデスクに説いた＞

　海外では被害者は実名という誤った見解が共同通信だけでなく、朝日新聞、東京新聞、週刊新潮でも繰り返し流されている。

　「週刊新潮」は9月12日号で＜他の事件と何が違うのか＞＜

京アニ放火殺人の「実名報道」に「世論」という壁＞という見出しを掲げ、3頁の記事を載せた。記事は「米英は実名」という小見出しで、立教大学名誉教授の服部孝章氏（メディア法）の実名擁護論と、元日本テレビ解説委員で、上智大学新聞学科教授の水島宏明氏の＜報道が"匿名でもいい"となった途端、後から検証ができないフェイク情報があふれることが危惧される＞とのコメントが載った後、次のように書いている。

　＜実際、アメリカやイギリスなどは、犯罪被害者の実名報道が主流。イギリスでは被害者がたとえ娼婦であろうとも実名報道される。犯罪事件の記録は社会の公共財。死者のプライバシーより、公共の福祉が優先される、との考え方である＞
京アニ事件報道の取材で、あるメディア幹部が「この事件の後、共同通信編集委員の澤康臣さんの著書『英国式事件報道』ペーパーバック版（2019年　金風舎）を読んだ。とても示唆に富むものだった。英国メディアの徹底した実名報道の背景にある、英社会の公共意識の強さ。国民がパブリックの一員であるという自覚と責任の強さは日本とは比較にならない感じがする。記者たちは『みんなの利益』になる情報を書く、という職業意識が日本以上に徹底されているように思う」と私に伝えてきた。

　私は英米の犯罪報道を調査しているが、英国には、「大事件の被害者の名前は公共性がある」という考えがあるというのは、かなり実態と違うと思う。共同通信の澤氏らが「英国は日本以上の実名報道主義だ」と書いたことの悪影響だ。

　新聞が実名原則なのは当たり前で、私が『犯罪報道の犯罪』で提起した「実名報道」「匿名報道」の議論は、犯罪報道において被疑者・被告人・囚人、被害者の氏名をどうするかであった。氏名が出ると被害があるから議論する必要がある。

私は北欧の匿名報道主義を紹介し、一般市民は匿名を原則にして、公人は顕名を原則にすべきだと提唱した。私の本が出る前は、実名報道の例外としての仮名報道だった。

　英米（アングロサクソン）の「実名」報道は、日本の官憲のアクション（逮捕）、死亡発表を根拠に氏名などを報道する実名報道主義とは無縁で、報道界が自らの責任で氏名を報道するという意味で顕名報道原則と言い換えるべきだろう。パブリックドキュメント（公文書）は国防、病院のカルテなどを除いて自由にアクセスする権利があるという情報自由法（Free Flow of Information Act)がもう一方にある。すべてを太陽の光にあててオープンにし、チェック・アンド・バランスという考え方だ。

　英米社会では個人が自立しているので、家族の誰かが逮捕されたり殺されたりしても、他の家族が会社を辞めたり、子どもがいじめられるということが比較的少ないという事情もあると思う。

　しかし、NYやロンドンで飛行機事故があった時、テレビが乗客者名簿を出すことはない。日本と違う。飛行機に乗るのはプライバシーだからだ。「お心当たりの方はNY市警察の……へ電話ください」と伝える。英米で顕名報道が多いのは、権力チェックのために必要な場合だ。public interestの有無が唯一の判断基準。警察が発表したかどうかはほとんど無関係だ。

　経済協力開発機構（OECD）は「市民は自分の氏名をコントロールする権利がある」と認めているから、遺族の了解なしに報道することは先進国では原則としてない。

(7) メディア内部の犯罪、不祥事は仮名原則

　マスメディア内部の不祥事を報道する時、メディア関係者は仮名になることが多い。

　共同通信は 17 年 6 月 12 日、学校法人「加計学園」事務局長が 5 月 31 日に愛媛県庁で愛媛県幹部と面会した際、非公開の会議室内に録音状態の IC レコーダーを置く不適切な取材をしたとして、大阪支社編集局社会部の記者を譴責の懲戒処分、松山支局記者を厳重注意処分にしたと公表した。

　私人であっても被害者の実名を出すべきだとし、人間が記号化してもいいのかなどという趣旨の主張をする共同通信の記者は公人中の公人で、社内処分を受けた共同通信記者二人の氏名は出さないのだろうか。

　テレビ熊本の総務局長が 19 年 7 月の参院選比例代表で初当選した自民党の本田顕子氏の支援のため、社内で他の局長らにも依頼して、後援会名簿（数十人分）集めをしていたことが 7 月 31 日にわかった。朝日新聞、熊本日日新聞などは、この局長を「総務局長（56）」と仮名で報じた。

　読売新聞社が 19 年 10 月 29 日朝刊の「おわび」によると、富山支局の男性記者（24）は同月 25 日付朝刊富山版に「自治体 SNS 発信工夫」の見出しで掲載された記事で、富山県広報課、魚津市商工観光課、小矢部市観光振興課の各談話を捏造した。記者は取材をせずに捏造していたという。

　読売新聞社は「記者教育を徹底し、再発防止に取り組む」と表明し、問題の記事の捏造した談話部分を削除し、記者倫理違反だとして、近く男性記者を懲戒処分にし、上司の監督責任を問うこ

とも検討しているという。

　読売新聞は 19 年 8 月 18 日の「京アニ 1 か月　息の長い被害者支援が必要だ」と題した社説で、次のように主張している。

　　＜京都府警が亡くなった人の実名を公表したのは、事件から 15 日後だった。遺族が公表を了承し、葬儀を終えた 10 人にとどまった。家族の死を受け入れられず、公表をためらう心情は無理もない。それでも、実名で報道することには大きな意義がある。被害者がどんな人生を歩み、どんな思いを断ち切られたのか。残された人がどれほどの悲しみと苦しみ、怒りを抱いているのか。実名だからこそ、事実の重みを伝え、社会で共有することができる。家族や知人の安否を気遣う人に正しい情報を伝えられる。匿名ではインターネット上の流言飛語の拡散に歯止めをかけられない。

　　　実名を基にした取材によって、警察発表の事実関係をチェックし、正確性を高めることは、報道の使命でもある。＞

　私は 11 月 12 日、読売新聞に、①読売新聞社は富山版でおわびの記事を載せているが、富山版以外、ホームページなどで本事案について公表しているか、②富山版のおわびの記事はどこかでアクセスできるか、③読売新聞社が上記社説で強調する「実名原則」をこの男性記者には適用しないのは、男性記者の氏名、住所、経歴などが明らかになると、処分を受けた後の生活に悪影響が及ぶかもしれないという配慮ではないか、④男性記者本人と上司に対する処分はどうなったか、⑤公人中の公人である裁判官（逮捕状・勾留状の発付）、検察官（起訴検事・公判検事）、弁護士、捜査官、自治体公務員らの氏名、役職が仮名（実名の対語、私は匿名か顕名という用語を使っている）になることが多いと思うが、読売新聞は、北欧などで実践されている一般市民の被疑者・被害者は匿名原則

で、公人の職務上の嫌疑は顕名原則という報道原則を導入するつもりはないか―を質問した。

　読売新聞グループ本社広報部は翌13日、「記事は読売新聞オンラインで公表しています。読売新聞オンラインでご確認ください。記事中の実名・匿名については、今後とも、事案ごとに適宜適切に判断してまいります」と回答した。「記事中の実名・匿名について、事案ごとに適宜適切に判断する」というのは、事件事故報道の実名原則の放棄を意味するのではないか。

　「被疑者・被害者の実名報道原則」（当局が逮捕、死亡を発表したことを根拠に実名報道）を強く主張している共同通信の澤康臣編集委員（その後、専修大学教授、早稲田大学客員教授）はツイッターで以下のように発信した。

　　＜捏造談話は「広報課」「観光振興課」の人名なしコメント。本来担当者実名を入れるべきで、英語圏ではコメも発言者実名が必要（spokesperson of... で済ます場合もまれにあるが）。コメ実名が徹底されていれば起こせなかった問題では…＞
　　＜昨今、官庁はじめ取材コメントの担当者名を「〜課は」とするよう求めるケースが激増していると感じる。それはおかしいと抗議・抵抗するが膠着し、やむを得ず「〜課は」で出す場合もある。8月書いた「憲法裁判記録、多数廃棄」でも最高裁は、私の質問への回答者名を示すことを拒否。交渉したが動かず＞

　澤氏らの擁護する「実名報道原則」は社会的弱者である市民には適用されるのに、公人の法曹関係者には適用されないのだ。読売新聞の記者は自治体公務員の仮名原則を悪用してコメントを捏造した。公人の氏名、役職は顕名を原則にすれば、再発を防止できるのではないか。

⑻ 自分の家族、友人だったらという想像力を

　最近は、ほとんどの自治体が台風などの自然災害でも死者、行方不明者の実名をキシャクラブで広報していない。一部の新聞は、今度は地方自治体が自然災害の犠牲者の氏名を公表しないのは問題だという批判を始めている。

　私は、家族、親友、弁護士らが氏名を把握していて、報道機関も実名を知っていれば、報道する場合に、氏名は必要ないと思う。

　マスメディアが、当事者の意向を聞くことなく、事件・事故の被害者の姓名、写真などの個人情報を「警察が発表した」ことを根拠に出していることが問題だ。警察、消防などが実名発表すれば、自動的に実名報道する現状がある以上、県警の仮名発表には何の問題もないと考えている。脳死移植にかかわる関係者の姓名の問題のように、ごく一部の専門家などに氏名が開示されればいいと思う。

　日弁連、新聞労連、人権と報道・連絡会などが報道界に長く要望している日本報道評議会を中心とするメディア責任制度の確立なしに、被害者の「実名・仮名」（顕名・匿名）の問題の解決はない。

　最愛の家族を亡くした遺族の「匿名希望」「そっとしてほしい権利」を「報道は実名が原則」という理由で蔑ろにしていいはずがない。死亡者の氏名にパブリックインタレスト（人民の権益、公益という訳は不正確）があるだろうか。「実名を公表せよ」と叫ぶことで、民衆のメディアへの信頼は低下するだけだ。行政機関と報道機関が事件・事故の被害者の個人情報をどこまで公表、報道すべきかについての社会的コンセンサス作りが求められている。

遺族の意向を無視しても「実名」という傲慢さ、暴力性に呆れる。新聞は「食料品と同じ生活必需品」という理屈で、消費税が据え置きになったが、人民に不要な個人情報を商品として販売するキシャクラブメディアには罰金刑をと思う。

自分の家族、親戚、親友がこんな目に遭ったらどう思うかを自問するだけで、この問題は解決できると思う。

⑼ 黒川検事長賭けマージャンで
仲間のキシャクラブ記者を守る検察庁

安倍首相の"守護神"、黒川弘務東京高検検事長は新聞記者3人との賭けマージャン賭博事件で2020年5月22日に辞任したが、懲戒に当たらない「訓告」という軽い処分だったため、6月19日、退職金5900万円を給付された。

検察の要職にある検事が、大新聞記者とコロナ禍での緊急事態宣言下で5回も賭博行為を繰り返していたのに、任命権者の内閣から懲戒処分を受けず、血税から支出される巨額の退職金を手にしたことは、生活困窮に苦しむ民衆にとって絶対に納得できない事態だった。

公務員の賭博行為が発覚すれば、人事院の規定では停職か減給、戒告の懲戒処分になるが、黒川氏は訓告とされた。黒川氏は事件発覚の約10年前から、産経新聞・朝日新聞の記者だけでなく、司法記者クラブ加盟の各社記者による接待マージャンを繰り返しており、常習賭博や単純賭博の罪にあたる。賭場は産経新聞の司法クラブ・キャップのマンションだった。

また、新聞各社は黒川氏を借り上げハイヤーで送迎しており、

国家公務員倫理規程に抵触するほか、新聞社が見返りとして捜査情報を入手していれば、国家公務員法（職務上知り得た情報の漏洩）違反、贈収賄罪に当たる。

　この事件をスクープした「週刊文春」によると、取材班は産経新聞が使っていたハイヤーの運転手を見つけ、この運転手から、黒川氏が車内で記者に「この間韓国に行って女を買ったんだけどさ」という話をしたことを聞いたと書いている。法務省は海外での買春疑惑については全く調べていない。

　文春記事では、一晩で10万円負けたという記者の証言があるのに、安倍政権は、「点ピン」と呼ばれる1000点100円のレートだったという黒川氏らの言い分を確認もせず、「旧知の間柄の者と、必ずしも高額でもないレートで行われ、事実を認め深く反省している」（森雅子法相）「常習性は認められない」（川原隆司刑事局長）などとして訓告にとどめた。

　政府が再調査を行わない以上、警察、検察が黒川氏と記者3人を賭博、贈収賄容疑で捜査してもらうしかないと考えた。岐阜県の弁護士グループが5月25日、東京地検に告発状を郵送。私も20年6月11日「税金私物化を赦さない市民の会」の仲間48人で、4人を常習賭博容疑の被告発人とする告発状を地検に提出した。

　私たちは告発状で、黒川氏の賭博行為の共犯者である新聞記者3人について、産経新聞の大竹直樹社会部司法記者クラブ・キャップ、河合龍一産経新聞社会部次長（20年1月まで司法キャップ）と朝日新聞の大島大輔経営企画室次長（元司法担当記者）と顕名（匿名の対語は顕名）にした。

　告発状では、4人は4月13・20日、5月1・3・13日、夕刻から翌日未明にかけ賭博行為をして、4人の間で一回あたり数千

円から２万円程度の金銭のやり取りをしたと指摘した。

東京地検の斎藤隆博次席検事は７月10日夕の臨時会見で、常習賭博は認めなかったが、単純賭博罪の成立を認めた上で、「娯楽の延長で、動いた金額も多くなく、既に辞職、停職処分など社会的制裁を受け、反省している」として４人を起訴猶予としたと説明した。

７月12日には、地検の検察官検事、田淵大輔氏から簡易書留で私にも処分通知書が届いた。東京地検は警視庁の協力を得て、４人の捜査に踏み切るべきだったが不起訴処分とした。

地検が、４人について、「辞職や停職処分で社会的制裁を受け、事実を認め反省している」ことを起訴猶予の理由に挙げているのは到底納得できない。確かに黒川氏は検事長を辞めたが、自己都合退職で、退職金を受給している。記者３人は実名報道もされず、社内処分を受けただけだ。新聞社が科した一カ月の停職が「社会的制裁」に当たるはずがない。

４人は事件発覚後、記者会見もせず、公の場に姿を現していない。何をどう反省しているか全く分からない。そもそも、検察官が法律に基づかない制裁（私刑、リンチ）を肯定してはいけないのではないか。

検察は、仲間のキシャクラブ記者、企業メディアを守った。

検察が不起訴にした背景には、政府高官や捜査幹部との賭けマージャン、新聞社の借り上げハイヤーでの送迎などのキシャクラブ記者の取材方法を肯定する大谷昭宏、池上彰、高田昌幸、田島泰彦、服部孝章各氏らの援護射撃がある。テレビタレント化したジャーナリストと御用学者は、新聞界で今も続く旧態依然の取材対象者への「抱き付き取材」「夜討ち朝駆け取材」「肉薄取材」を、黒川事件があっても続けろと公言している。

第Ⅲ部　市民に厳しく公人に優しい報道現場の劣化

4人を告発した「税金の私物化に反対する市民の会」48人は7月16日、東京検察審査会に起訴を求める申立てを行ったが、検審も機能しなかった。

　黒川事件は、東京地裁・高裁内にある司法記者クラブの記者による検察ナンバー2に対する違法な接待であり、全国のキシャクラブで行われている官報癒着の氷山の一角だ。

　私が1970年代に所属していた警視庁上野署、千葉県警の記者クラブ（記者室）にも、マージャン台、花札があり、賭けごとが行われていた。数年前に見た国土交通省の記者クラブにも、立派な娯楽コーナーにマージャン台があった。

　共同通信の後輩の記者の話では1980年代後半、最初の赴任地の水戸では、県警記者クラブで各社のキャップクラスと警察幹部がクラブの隅にある雀卓でマージャンをしていたという。交通部長（のちに刑事部長）、捜査二課長がいた。元・朝日新聞記者も、1990年ごろだと、どこの記者クラブ室も、記者同士の賭麻雀は日常化していたと言う。黒川氏の場合も、記者同士の賭マージャンに引っ張り込んだと見るのが自然だろう、と見ている。

　善良な一般市民は「大手の新聞記者がそこまでするか」と半信半疑だが、私の書いていることが本当だと証明してくれたのが、元読売新聞記者の大谷昭宏氏だ。大谷氏は20年5月22日付の東京新聞特報部の記事（中山岳、大野孝志両記者の署名）でも「検事ともよく遊んだ」とか、「刑事の子どもに甲子園球場の巨人―阪神戦のチケットを渡した」と話した。テレビでも同じ話をしていた。

　大谷氏は私が30数年前に『犯罪報道と警察』（三一新書）で引用した読売新聞の冊子「サツ回り入門」と同じことを平然としゃべり、紙面に載った。こういうコメントを載せる大新聞の社員は

感覚がマヒしている。

　大谷氏は東京新聞の記事で、公務員に金品を渡し、情報を取ったと自白している。大谷氏と飲んだり遊んだりした警察官と検事も犯罪者（贈収賄、地方公務員法違反）だ。ジャーナリストの倫理違反に時効はない。

　この記事には、実名主義賛成の「メディア用心棒学者」の田島泰彦元上智大学教授の「権力者と一見仲良くしても、大事なことは書きますよというなら許されないわけではない」「接触するのが全部ダメとは言わない」という談話も載っている。権力者と仲良くすることが報道倫理に反していることが分かっていない。

　大谷氏は５月22日の西日本新聞の記事にも「私も記者時代、刑事と酒を飲み、マージャンもした。口の軽い刑事などいない。何度も通ううちに少しずつ信頼関係を築ける人も現れる」「似ているようでも、『懐に入ること』と癒着は全く違う。分岐点は、相手の組織を批判する原稿を書けるかどうかだ」などという談話を寄せている。この記事では服部・立教大名誉教授もマージャン取材を批判した後、＜取材源と人間関係を深めて情報を取ることは重要で、時には違法すれすれの取材手法も行われているのが実情だ＞などとコメントしている。その「実情」が問題なのだ。

　また、自民党の私設広報官の田崎史郎氏は５月21日放送のTBS「ひるおび！」と22日のフジテレビ「とくダネ」で、「マージャンもするし、酒も飲み、一緒に遊びもする。とにかく付き合って、仲良くなって、いざというときに話が聞ける状況にしておく」と話している。田﨑氏も、政治家らと仲良くなっても、「ようは書くか書かないか」が問題だと強調するが、田﨑氏の現在の姿が腐敗した記者のなれの果てを示している。

　「取材対象者に物品、金銭を渡してはならない」という報道界

全体の取材・報道に関わる倫理基準、ガイドラインを早急に作るべきだ。北欧、英米、オセアニア諸国などのメディア界の実践を学ぶべきだ。米国では取材対象者との間で許されるのは、マックのコーヒー・紅茶一杯で、チーズケーキがつくとアウトだ。昔、評論家上坂冬子氏から SEIKO の約 2 万円の腕時計を受け取った米大統領補佐官は即辞任になった。

　今、報道現場の労働者が黒川事件の再発を防ぐために具体的な改革を実践すべき時だ。ところが、日本新聞労働組合連合（新聞労連）などメディア労働団体の動きは鈍い。新聞労連は 5 月 26 日、黒川事件について「ジャーナリズムの使命や精神に反するもので許しがたい」と批判する声明を出したが、何の実行力もない。

　新聞労連の HP で、南彰委員長（朝日新聞政治部記者、朝日新聞を退社し、琉球新報記者）名で出された声明全文を読んで、がっかりした。事態はあまりに深刻だという危機感がない。声明にはキシャクラブの「キ」の字も出てこない。

　黒川氏と記者たちの常習賭博を見聞きしていた仲間の記者は、週刊文春が報道するまで全く問題にせず、社会に伝えなかった。誰も犯罪、報道倫理違反と感じなかったのだ。キシャクラブの常駐記者の多くは新聞労連に加盟する労組のメンバーである。

　声明はまず、「新聞記者は清濁合わせ呑む取材を重ねてきました。特に、捜査当局を担当する記者は、ごく少数の関係者が握る情報を引き出すために、『取材先に食い込む』努力を続けています」と書いている。その後に、「捜査関係者と並走する」という表現がある。「並走」などと呼べるような対等な関係ではなく、「ペンを持ったお巡りさん」として、捜査官にまるで御用聞きのように追走（隷従）しているのが実態だ。

　事件事故や政治取材で、保つべき当局との距離感とは、具体的

にどういう「距離」なのか。「清濁併せ呑む取材」や「あらゆる取材方法を駆使する」ことが間違えている。「賭けマージャン」は「濁」「あらゆる取材方法」には含まれるということか。「安易でない」取材規制は何か意味不明だ。

新聞労連は、北村肇委員長時代に欧州報道評議会調査団（私は顧問として参加、約40人）を派遣、画期的な「新聞人の良心宣言」（1997年）につながった。新聞労連の運動方針から、報道評議会などの提言が消えて27年になる。南委員長らには、1984年から約15年の労連における新聞研究活動の記録を読み返し、どう改革すべきかを考えてほしい。

新聞労連の南委員長らは20年7月10日付で、「ジャーナリズム信頼回復のための6つの提言」を日本新聞協会に加盟する新聞・通信・放送129社の編集局長・報道局長に送付した。提言も精神論に終始している。これでは何も変わらないと思うので、私は賛同しない。

南氏ら発起人は、「取材者・研究者の立場から、取材現場の経験ならびに内外の研究で得た知見をもとに提言をとりまとめた」として賛同人を集めている。賛同者は400人を超え、「勇気ある」現役記者が多数含まれていると評価する文化人がいるが、私の解雇を旗振りした同志社大学の小黒純教授（元毎日新聞・共同通信記者）や、昭和天皇の死去で「崩御」を強行使用した責任者の丸山重威・元共同通信記者らの名前が入っている。

キシャクラブ問題で、「上から目線で偉そうに言うな」とネット上で私を罵倒した日比野敏陽（京都新聞東京編集部長、元新聞労連委員長）が発起人の一人だ。発起人と賛同者たちに問いたい。検察が賭博罪成立を認めた記者三人の「仮名報道」をどう思うか。キシャクラブ制度に全く触れず、犯罪報道の転換も言わない「運

動」で何かが変わるというのか。

　共同通信で、徹底的に人事で差別を受けている中嶋啓明記者は「提言は、キシャクラブ廃止、匿名報道主義への転換、メディア責任制度の確立という具体的な提言を伴った1985年以来の人権と報道・連絡会の主張を隠ぺい、無視し、若手記者だけではなく、メディアの現状に危惧を抱く報道被害者を含む人民の目を、人報連が提起してきた改革の方向性から逸らさせるものにしかならない」と指摘している。

　新聞労連は報道機関の幹部など外に「要望」するだけでなく、人民の期待に反した取材報道をしていない全組合員に対し、権力との癒着をやめ、キシャクラブ廃止運動の先頭に立てと指導するべきだ。

　こうした旧態依然の取材体制の見直しが必要なのに、黒川事件の後、元NHK記者、元新聞記者らが新聞やテレビで、取材対象に「抱き付き」「懐に飛び込む」取材の重要性を強調し、この事件で旧来の取材体制を変えるなと檄を飛ばしている。

　共同通信が24年6月10日に配信したオピニオン欄用の＜監視の成果を示せ　「批判の底流」解消を＞と題する高田昌幸東京都市大教授の論説が典型的だ。

　高田氏は、安倍記念小学校疑獄での公文書改竄で自死した財務省近畿財務局職員、赤木俊夫氏の遺書をスクープした元NHK記者の相澤冬樹氏が＜権力内部の人物と無数の「密着」を繰り返した。酒席もマージャンもあった。その重層的な人脈が今も生きているという＞と書いたなどと書いて次のように論じた。

　　＜省庁幹部や政治家との懇談、公表資料の分析、情報公開制度を駆使した公文書の入手、ビッグデータの解析…。それらは全て「手段」の話である。相手との「密着」もそう。酒を

飲もうが、釣りに行こうが、それらは手段の話だ＞

＜ジャーナリズムの本務を達成するために、記者はあらゆる
機会と手段を使って権力内部の情報を集めなければならな
い。結果が全てなのだ＞

高田氏は北海道新聞で道警裏金問題の取材班代表で、キシャク
ラブの存置派として、「週刊金曜日」に筆名を使って、「記者クラ
ブ廃止論」に反対し、「裏金を暴けたのは記者クラブがあったか
らだ」などと主張した。

⑽ 元朝日記者の林美子氏の正論

　6月16日の東京新聞夕刊文化面に載ったジャーナリスト・元
朝日新聞記者、林美子氏の〈「抱きつき取材」ありきの弊害　セ
クハラとコインの裏表〉の見出しはよかった。林氏は新人記者時
代の「夜討ち朝駆け」取材に問題があると的確に指摘。〈取材先
と信頼関係を結ぶ方法はほかにもある。同じ人間同士、対等の立
場で普通に取材すればいいのである〉と提言する。

　権力者との「信頼関係」（安倍晋三グループとの信頼関係は私に
は無理）を結ぶ必要はないと思うが、「抱きつき取材」で権力批
判が弱まり、それが読者・視聴者から見放される大きな要因になっ
ているという見解に賛同する。

　林氏は、各報道機関の編集幹部がよく理解して改革に取り組ん
でほしい、と結んでいる。

　「表現（報道）の自由」は絶対的権利ではない。報道界が自主的、
自律的に行う取材・報道規制（社会的規制、social control）は必
要だ。法的規制（statutory control）を避けるためにも、人民と共に、

どういう規制をすべきかを決めなければならない。北欧、英国、韓国、オセアニアなど多くの国には、報道界が全体で守るべき報道倫理綱領・取材ルールを制定し、取材・報道される側からの苦情を受け付け、倫理違反かどうかを審査する市民参加の報道評議会（プレスオンブズマン併設の国も）を設置するメディア責任制度がある。

　今回の賭けマージャン事件は、精神論では解決できない。メディアの労働者が、自分たちがジャーナリストを志した原点に戻り、人民の声に耳を傾けて、諸外国のジャーナリズムから学び、具体的な行動を始めるしかない。

⑾ 総務省官僚接待の菅首相長男・正剛氏の　実名を報道しない朝日新聞と NHK

　2021 年 2 月に発覚した菅正剛・東北新社（東京都港区、二宮清隆社長＝当時）統括部長＝菅義偉首相の長男＝らによる総務省幹部の高額接待疑獄で、国会審議で連日、正剛氏の実名が飛びかっていたのに、日本で大きな影響力を持つ朝日新聞、読売新聞、NHK は一貫して正剛氏を仮名にした。

　菅首相は 05 年、竹中平蔵総務相の下、総務副大臣（情報通信・郵政担当）を務め、06 年に当選 4 回で総務相に就任した。その際、当時 25 歳で「プラプラしていた」（菅氏）正剛氏を政策秘書官（07年まで）に任命。正剛氏は、菅氏と同郷の東北新社の創業者、故・植村伴次郎社長のツテで、08 年に同社に入社。20 年 5 月、メディア事業部趣味・エンタメコミュニティ統括部長、同社の子会社である株式会社「囲碁将棋チャンネル」の取締役に就いた。

一人当たり数万円の接待を受けたのは、総務事務次官就任が確実視されていた谷脇康彦総務審議官、吉田眞人総務審議官（国際担当）、衛星放送等の許認可にかかわる情報流通行政局の秋本芳徳局長、その部下で同局官房審議官の湯本博信氏の計4人だ。

首相会見で司会を務めてきた山田真貴子内閣広報官（元総務審議官、3月1日病気を理由に辞任）も19年11月6日に、和食レストランで一人7万4203円の「海鮮・ステーキ」接待を受けていた。

総務省は正剛氏らの接待が16年から20年まで、13人、延べ39回に上ると発表。正剛氏はこのうちの21回の会食に出席していた。総務省は20年2月24日、11人を懲戒処分にした。

NTTの澤田純社長は3月15日の参院予算委で、自民党議員の質問に、「日ごろから、マスコミや与野党の国会議員をはじめ有識者と懇談し、将来の社会や国際情勢について意見交換をする場を設けている」と述べた。

NTTによる一連の接待は、携帯電話料金引き下げやNTTドコモの完全子会社化といった重要課題の検討時期と重なっている。

総務省接待疑獄で、私たち「税金私物化を許さない市民の会」メンバーは、菅首相と正剛氏らを贈収賄罪などで刑事告発したが、検察は捜査もしなかった。

朝日新聞は3月5日の3面「総合3」面で、＜接待まみれ常態化＞などの見出し記事で、＜菅首相の長男が20件超の接待に参加していたことについて、武田氏は「一個人が行政委影響力を発揮した事実は確認されていない」と語った＞と書いた。この記事には署名（by-line）もない。朝日新聞は「週刊文春」2月11日号が接待疑獄を報じて以来、正剛氏の実名を載せたことがない。

一方、東京新聞は1面左肩の＜総務省　17年に違反認識か＞などの見出し記事の中で、＜東北新社の接待には菅義偉首相の長男正剛氏も関わっていた。第三者委の座長を務める元検事の吉野弦太弁護士は記者会見で、菅首相への忖度の有無が今後の検証の論点になるかを問われ「特定の人物に狙いを定めてやっていないが、特定の行政行為について話題が出るなら聞いていく」と説明した＞と書いている。東京新聞は2月22日から正剛氏を実名に切り替えた。

　TBSの「サンデーモーニング」で、菅義偉首相親子の総務省官僚違法接待事件を取り上げ、藪中三十二氏、青木理氏、姜尚中各氏がコメントした。青木氏らは正剛氏の実名を出さなかった。青木氏は事件事故報道で「実名がないとリアリティがない」と強調し、実名報道主義（警察が警察記者クラブで被疑者・被害者の氏名など個人情報を広報したのを垂れ流す報道ガイドライン）を擁護する一方で、公人中の公人である正剛氏の実名を書かないのは二重基準だ。

　週刊文春は2月25日号（18日発売）の＜菅首相長男"違法接待"　総務省局長「国会虚偽答弁」の証拠音声＞と題した記事から3週連続で、正剛氏ら接待した側（贈賄側）の東北新社幹部の実名、横顔を出している。他の週刊誌（朝日新聞出版発行媒体を含む）も正剛氏の実名を出している。

　菅首相の長男で、元総務相政策秘書官（06〜07年）の東北新社統括部長（子会社取締役）をしている人間はこの世に一人しかいない。

　ほとんどのキシャクラブメディアは正剛氏の仮名を続けた。正剛氏は結局、何のお咎めもなかった。

⑿ 大川原化工機国賠裁判で
違法捜査・起訴と処断された国・都

　生物兵器製造に転用可能な装置を無許可で中国、韓国へ輸出したとする外為法違反罪などに問われ、後に起訴が取り消された「大川原化工機」（横浜市都筑区）の大川原正明社長、島田順司元取締役、相嶋静夫顧問の長男の三人が東京都と国に損害賠償を求めた国家賠償訴訟の判決で、東京地裁（桃崎剛裁判長、板場敦子右陪席裁判官、平野貴之左陪席裁判官）は23年12月27日、双方に計約1億6万円の支払いを命じた。

　桃崎裁判長は大川原氏ら三人に対する警視庁公安部の逮捕を「根拠が欠如」と指摘し、東京地検が「有罪立証の上で必要な捜査をせず起訴した」として、いずれも違法と断じた。刑事事件をめぐる国賠訴訟で、検察の起訴を違法と認定したのは初めてだ。

　日本では戦後、死刑囚4人が1980年代に再審裁判で無罪となり、現在、死刑確定者の袴田巌氏（2014年に執行停止で釈放）の再審裁判が静岡地裁で行われているが、佐々木社長らが被害に遭ったこの冤罪事件は極めて異例で悪質な権力犯罪だ。

　この裁判では捜査を担当した警視庁公安部の警部補が23年7月、「捜査は捏造」と法廷で証言していたが、地裁判決は事件捜査を捏造とまでは認定しておらず、捜査当局の主張が受け入れられる内容だった。ところが、地裁判決の控訴期限の1月10日、日本国（岸田文雄自公政権、検察庁＝法務省）と東京都（警視庁）が原審を不服として控訴した。検察・警察のトップは、起訴取り消しの事態に反省の姿勢を示しながら、控訴を強行した。首相・官邸が控訴断念を働きかけることもなかった。

東京地検は、「起訴した後に結果として起訴取り消しに至った
ことについては真摯に受け止めている」などとするコメントを発
表した。

　検察と警察の幹部によるこれらの発言と、控訴がどう結びつく
のか、理解不能だ。

　原告3人は11日に司法記者クラブで記者会見を開き、国と都
の控訴について「『やっぱりか』が第一の感想。まだやるのか、
という思いだ」（大川原氏）「捜査機関側が再発防止策も取らず控
訴するのであれば、私たちも再度主張して真相を明らかにしてほ
しいと思った」（島田氏）「警察や検察に反省する気持ちを期待し
たが、温かみのない対応に落胆した」（相嶋氏）と語った。

　日本弁護士連合会の小林元治会長は同日、被告側の控訴を受け、
「本判決において国家賠償法上違法とされた警察官や検察官の行
為は、強制捜査や公訴提起といった強大な権限を不正に濫用した
ものと言わざるを得ず、本判決の判示は正当」「本件のような悲
劇を二度と繰り返さないためには、無罪を主張し、あるいは黙秘
権を行使する被疑者・被告人を殊更長期間拘束する『人質司法』
の解消が必要不可欠」などとする会長談話を出した。

　原告訴訟代理人の高田剛弁護士は判決後の会見で、国・都側な
どに控訴を断念し謝罪する意向があれば控訴しない方針だと表明
していた。被告側が控訴したのは、メンツのためとしか言いよう
がない。国も都も、税金を使って裁判を続けることができ、賠償
金も国庫から出るので、違法行為をした検事や警察官には何のお
咎めもないのが納得できない。

　原告側も付帯控訴し、「事件は捜査不足ではなく作りあげられ
たものだった。今後新たな証拠を提出して立証につくす。控訴審
ではより踏み込んだ判決を期待したい」（高田弁護士）と表明した。

警視庁公安部は2017年春、従業員約100人の大川原化工機が主力商品とする「噴霧乾燥機」（スプレードライヤー）を、国の許可を受けずに中国に不正に輸出したという見立てで内偵捜査を開始。18年10月に突然、同社や社長宅などを家宅捜索。その後、社長ら50人が原宿署で、延べ291回任意の聴取を受けた。警視庁は20年3月、中国への違法輸出容疑で3人を逮捕。地検が起訴。同年5月、韓国への輸出で警視庁が3人を再逮捕。追起訴後も7月に東京拘置所に移送されるまでの4カ月、警察留置場の代用監獄で拘束された。10月、相嶋氏の胃がんが判明。1カ月後の11月、相嶋さんが勾留の執行停止（期限付き）で入院したが、既に末期で手遅れだった。21年2月、社長ら2人が1年5か月ぶりに保釈。相嶋さんが72歳で死去。7月、初公判の4日前、東京地検が社長ら2人の起訴を取り消した。9月、3人が国と東京都を相手に提訴し、計約5億6千万円の賠償を求めた。

23年6月、証人尋問で、捜査を担当した警部補が高田弁護士から「公安部が事件をでっち上げたのでは」と問われ、「まあ、捏造ですね」と証言。9月に結審していた。

3人は計8回、保釈を申請したが7回却下された。容疑を一貫して否認した3人は最大332日拘束された。相嶋氏は最期まで保釈が認められず、期限付きの勾留停止で、期限延長がある不安の中、亡くなった。

起訴の取り消しを受けて、地裁は「仮に審理が続いても無罪だった」として、3人に対し勾留されていた期間の刑事補償として、計1130万円の支払いを決定していた。

地裁判決は、公安部外事1課の安積伸介警部補（現・警部）による捜査について、「犯罪が成立するかの判断に必要な実験をせずに逮捕したことが違法」と認定。島田氏への取り調べで、島田

氏の意思に反したウソの内容の弁解録取書が作られたと認め、それも違法と判断。「偽計を用いた取調べ」もあったとも指摘した。

　また、東京地検の塚部貴子検事（千葉地検を経て現東京高検）が有罪立証に必要な捜査を尽くさず、安易に起訴や勾留請求をしたことを違法と判示した。塚部検事は昨年7月の証人尋問で「判断は間違っていなかった。同じ状況なら起訴する」と強弁し、謝罪も拒否した。

　判決は、証人となった現職警察官が捜査について「捏造」と述べたことには触れなかった。

　大川原氏は判決後に地裁前で、「適切な判断をしてくれた。勝訴を相嶋氏の墓前に報告したい。このことを一緒に過ごしてきた相嶋さんの墓前に早くお伝えしたいと思う。警視庁、検察庁にはしっかり検証して、謝罪をいただきたい」と話した。

　原告側は裁判で「捜査官のリークで実名報道され、犯人というレッテルが貼られた」「逮捕・起訴で実名報道され、会社の信用が失墜し、原告らの名誉が毀損された」と主張。判決は「会社及び三名の実名と共に複数のマスメディアによって広く報じられた（以下「本件各報道」という）ことの結果、会社は銀行などから取引を停止されるなど経営に支障が出た」「被告らによる違法捜査に起因する本件各報道により会社の信用が毀損された」と認定した。

　また、海外営業担当役員だった島田氏は「保釈後も会社への立入や関係者との接触を制限され取締役の業務ができなくなり嘱託従業員となった」とし、相嶋氏に関しては、「実名報道されていた中、控訴棄却の事実も知らぬまま死亡した」と述べ、慰謝料支払いを命じた。

　島田氏は判決後の会見で「裁判の目的は事実の解明、自身の名

誉回復、再発防止だった。判決は捜査や起訴の違法性をある程度認めた。今後は、都や国がなぜこのよう違法捜査をしたのか、再発防止のための検証をしてもらいたい。それがあって初めて我々の訴訟の目的は達成する」と語った。

私は24年1月15日、大川原化工機本社を訪れ、公安警察が問題にした機械を見せてもらった。大川原社長は、不当逮捕の後も協力してくれた取引先にお礼を伝えるため各地を周っていて不在だった。代わりに対応してくれた初沢悟取締役（管理部長）は「私も5回聴取を受けた。最初は、何を調べているか分からなかった。警察がここまでやるのかと愕然とした。警察、検察だけでなく裁判所など五つの官庁が冤罪づくりに加担した。日本には人権がない」と指摘した。「地裁の審理が結審した後、NHK、毎日新聞などが警察と経産省のやりとりを示す新証拠を報道した。控訴審では、一審判決が認めなかった『事件は警察検察によるでっち上げだ』と踏み込んで認定してほしい。あまりに少額の原告個人への慰謝料の大幅増額も期待したい」

大川原氏は7月9日付朝日新聞の〈「耕論」「人質司法」の問題点〉で「『認めればすぐに…』誘惑」という見出しで、次のように述べている。聞き手は石川智也記者。

＜私が味わった体験は、聞いていた「人質司法」そのものでした。密室で延々と続く取り調べ、容疑を否認すると起訴後も何カ月も続く勾留、保釈をエサにした自白誘導……。

取調官には「認めればすぐに保釈される」「有罪でも執行猶予付きだろう」「（公判で争えば）弁護士費用もかかりますよ」とほのめかされました。正直なところ、誘惑の影を感じました。早期に事態を収束させ会社経営に戻る方が得策では、と。それでも私は否認と黙秘を貫きました。

なぜかって？　マスコミに犯罪者扱いで大きく報道された
からですよ。さらし者のように連行写真を撮られて……。我々
のような中小企業が無実の罪状を認めた途端、社員全員が悪
者になり、会社はつぶれ、技術も失われる。闘わなければな
らない、と誓いました。

せいぜい２カ月程度の勾留だと思っていましたが、結局
11カ月。保釈請求に検察が「罪証隠滅の恐れあり」などと
反対し、東京地裁も却下し続け、6回目の請求でようやく保
釈されました。一緒に逮捕された元顧問の相嶋静夫さんは、
がんの進行がわかっても保釈が認められず、迅速な治療を受
けられぬまま「被告人」として亡くなりました。

なぜ人質司法がまかり通るのか。刑事訴訟法によれば本来、
長期勾留はやむを得ない場合のみ許され、保釈も被告人の権
利として、例外を除き認めなければならないはずです。

裁判所が刑事司法の原則どおりの判断をしてくれないこと
に、強い失望を感じました。ただ、被告とその弁護人の立場
としては、裁判官の心証を悪くしたくない一心で、批判を控
えてしまうのです。

だからこそ、メディアがきちんとチェック機能を働かせて
ほしい。検察や司法の権力行使を監視するのは、ジャーナリ
ズムの役割のはずです。

メディアが裁判官の名を報じるのは、判決の時くらいです。
不祥事以外で検察官の名が出ることもほとんどない。でも、起
訴や勾留請求、令状発行、保釈の判断などを国民が検証するた
めには、検察官や裁判官の名を報じ、緊張感をもって仕事を
してもらうという文化を定着させていく必要があるのではな
いでしょうか。この「実名報道」こそが大切なはずです。＞

この事件の控訴審の東京高裁は24年7月30日の非公開の進行協議で、警視庁公安部で捜査に当たった山川理巡査部長（公安部外事第一課）、時友仁警部補（野方署）、夫馬正浩警部補（所属不明）の証人尋問を行うと決めた。10月9日に実施される。12月25日に結審する予定。

3人は、上司の取り調べを批判する文書を作成していた。高田弁護士が司法記者クラブでの会見で明らかにした。島田氏は会見で「多くの客観的な証拠も出ているので、法廷ではうそをつかず、真実をありのままに話してもらいたい」と訴えた。相嶋氏の長男は、「出廷する警察官は、取り調べ時に、誤解を解いてもらうため努力していた父の姿を一番間近で見ていた。正直に父の分まで語ってほしい」と話した。

高田剛弁護士は3人の氏名と所属を広報したのに、各社は「当時取り調べなどに当たった警視庁公安部の捜査員」などと仮名で報じた。

東京新聞は8月26日の特報面で、大川原化工機事件が浮き彫りにした取り調べの問題点を取り上げた。山田雄之記者は島田氏に取材し、島田氏は「取調室ではペンを貸してもらえず、調書の訂正したい箇所に印を付けられなかった。訂正を希望すると交換条件を付けられたり、一カ所訂正するたびに調書を取り上げられたりして、見落としや確認不足が起きた」と述べた。

「平静を装ったけど、緊張で手が震えていた。逮捕をちらつかされ、『おまえだけが認めない』とうそをつかれて迫られ、何を聞かれ、どう答えているかも分からなくなった」

記事は「地裁判決は公安部が島田さんの逮捕後に弁解を聴く際にも、島田さんの指摘に沿った修正をしたように装って書面に署

名させる違法があったと認定し、控訴審で争われている。取り調べに補助で立ち合った警察官の証人尋問が10月9日に予定されている」

　記事中に警視庁幹部の言葉があるが仮名。捜査員が裁判で「捏造」とまで言い切った事件なのに、違法捜査の公安刑事、違法起訴の検事の実名はない。

　東京新聞の24年6月9日の社説＜週のはじめに考える　元死刑囚が語った死刑＞と同月27日の社説＜松本サリン30年　「ペンを持つ警官」の悔恨＞に、「自分はペンを持ったお巡りさんになっていた」と反省する記者の言葉があった。同じ表現の言葉が、匿名の記者の発言として引用されているが、40年前、事件記者は「ペンを持ったお巡りさん」ではないかと著書で自問したのは私だ。登録商標はとっていないが、東京新聞（中日新聞）の論説委員や編集者は、この言葉が、私の使った言葉だと知らないのだろうか。

　　＜死刑執行後、再審が請求された福岡県の「飯塚事件」（92年）を取り上げたドキュメンタリー映画「正義の行方」（今年公開）に、当時、事件を取材し特ダネを連発した地元紙記者が悔恨とともに、こう述懐する場面がある。**「自分はペンを持ったお巡りさんになっていた」**。事件報道に携わる記者なら思い当たる部分があるのではないか。捜査の動きを追うのは職責だが一体化はしない。冷静な報道者としての判断力を磨きたい＞（6月9日の社説）。

　　＜マスコミへの批判も。当時は、任意同行の時点で「犯人捕まる」と写真付きで実名・呼び捨て報道され、逮捕後も取材合戦は過熱。「刑事と記者は仲間だと思っていた」と語気

を荒らげていました。

　そういえば、福岡県の「飯塚事件」（92年）＝先週、再審請求棄却＝を追った今年公開の映画「正義の行方」で、同事件で特ダネを連発した新聞記者が、自嘲気味に語っていました。**「自分はペンを持ったお巡りさんになっていた」**＞
（6月27日の社説）

　木寺一孝・元NHKディレクターの作品で、飯塚事件の捜査段階における自身の取材報道を振り返っているのは西日本新聞の宮崎昌治記者（社会部長などを歴任し、現在、TNCテレビ西日本の取締役）だ。宮崎記者は飯塚事件取材の反省をした上で、冤罪甲山事件から学び、大分みどり荘事件などで冤罪を調査報道した。「警察が間違えると報道も誤る構造を変えなければならない」と同僚に話したところ、「浅野健一みたいなことを言っているね」と言われた。その時、私のことを知らず、すぐに書店に行って『犯罪報道の犯罪　なぜ「自白」したのか』の講談社文庫本を買って読んだという話を聞いた。『夢遊裁判』（講談社）でみどり荘事件の沓掛良一氏の無実を明らかにした小林道雄氏が「浅野さん、博多に浅野二世みたいな記者がいる。休みの日に大分に出掛け連載を書いた宮崎君だ」と紹介してくれた。東京支社編集部時代には、NHKの官邸担当記者が森喜朗首相が「神の国」発言で苦境にある時、記者会見の乗り切り方に関する指南書を送ったことを明らかにした。また、日本テレビ系の福岡放送がCMの間引きをしていることをスクープした。私が最も信頼する記者の一人だ。

⒀ 元裁判官の井戸謙一弁護士の
「実名報道主義」批判

　同志社大学から追放されて10年経った24年3月11日、京都弁護士会館で記念シンポジウムを開いた。メインの講演を元裁判官の井戸謙一弁護士に頼んだ。井戸氏は元裁判官で、金沢地方裁判所で審理された、北陸電力志賀原発2号機の運転差止訴訟で、住民の訴えを認める判決を言い渡した。「安全性を立証する義務が電力会社側にある。安全対策で原告住民側が提起している問題に対して、北陸電力からまともな主張が出てこなかった」として、差止判決を出した。

　井戸氏は冤罪・滋賀湖東病院事件の西山美香氏を再審・無罪に導いた弁護人で、現在、国賠訴訟の代理人。

　井戸氏は『犯罪報道の犯罪』（学陽書房の初版）を読み返し、日本新聞協会の「実名報道主義」擁護論にも当たった上で、私が提唱した匿名報道主義理論の意義を強調した。

　＜裁判官在職当時、「犯罪報道の犯罪」を購入して読んだ。そのころの新聞は、逮捕されただけで実名を呼び捨てにしていた。無罪推定の原則に抵触する取り扱いであるし、違和感を抱きながらも、深く考えることもなかった。浅野先生の匿名にすべきだという主張は、まことにもっともな主張で、胸にストンと落ちた。現職の記者からこのような訴えがなされたことの意義は大きいと思った。それ以来、「浅野健一」という名前は忘れることのできない名前になった。今回、本を引っ張り出したら、1984年9月5日発行の初版本だった＞
＜浅野本には、本人や家族が自死した事例がいくつも紹介さ

れている。仮に実名に何らかの公共性があるとしても、この人権侵害をやむを得ないとするほどの「公共性」があるのか。湖東事件のご両親は、逮捕されるとわかったとき、警察に「名前だけは出さないでくれ」と頼みこんだ。しかし、実名報道がされた。記者が自宅に殺到した。ご両親は、家から外に出ることができない生活が続いた。

　表現の自由は、憲法上高い価値を与えられている。しかし、他の人権との相克は、これを制約する。他の人権を侵害する限度で、表現の自由は制約される＞

＜報道による人権侵害は、この時代にもう一度立ち止まって考えるべき大きな社会的課題であり、これを最初に社会に問いかけた浅野先生の仕事の重要さを改めて認識すべきだと思う。実名報道の問題は、いずれ社会的に理解され、許されなくなる時代が来ると思う。浅野先生の名前は、先駆者として歴史に残ることになると思う＞

＜メディアの力はやはり大きい。社会を前に進めることも、この社会システムから落ちこぼれた弱い人を救うことも、権力者の力になって、弱い人をさらに痛めつけることもできる。若者の新聞離れが激しく、新聞業界は厳しい。しかし、これで報道力がおちて社会的信頼がなくなれば、いよいよ新聞離れを加速させるだけ。正念場だと思う。浅野先生のように外部から叱咤激励する研究者の存在が極めて重要である。そして、このような貴重な業績を上げてこられた浅野先生を追い出した同志社大学の損失ははかり知れない。同志社大学だけでなく、多くの大学が変質している。大学における自由と民主主義の喪失は、戦争への地ならしであり、浅野先生の闘いは重要である。長年のご奮闘に感謝して、私のスピーチとさ

せていただく＞

⑭ 懲りない朝日新聞の「匿名」報道嫌い

　朝日新聞（労使）は私の匿名報道主義の提唱に対し、共同通信
と一緒に最も熱心に反対してきた。特に 1990 年代に入って、革
新系の学者・法律家を動員して、「冤罪をなくすために権力監視
のための実名は不可欠」という主張に加え、「名前は単なる記号
ではなく、その人が生きた証」という屁理屈を展開してきた。

　リベラル系の文化人も朝日新聞の論理を支持した。講演会など
で、市民から、「週刊金曜日に移った本田雅和さんも実名報道主
義ですよね」などとよく言われる。

　24 年 7 月 14 日の朝日新聞に「（日曜に想う）日本社会を映す、
匿名とぼかし」という宮地ゆう編集委員のコラムが載った。また
しても、「匿名」社会の批判だ。

　　＜取材をしていて、日本と他の国との差に気づくことは多い。
　　よくはっとさせられるのが、取材に応じてくれた人に、名前
　　を聞いた時だ。社会問題や政治に対する意見など、機微に触
　　れる話ではないように思えても、日本では「名前はちょっと
　　……」となることが結構ある。

　　　そんな状態に慣れて他の国に行くと、だいぶ様子が違う。
　　多くの人は、あまりためらいもなく、名前を教えてくれる。
　　もちろん国や話題にもよるのだが、言論統制がない国で、道
　　行く人に同じような話を聞いた場合、「匿名率」は日本より
　　だいぶ低いというのが実感だ＞

　宮地氏は、英エコノミスト誌東アジア支局長ノア・スナイダー

氏に聞いている。

　　＜「2021 年の総選挙の時、投票所の外で支持政党などを聞いたら、半分以上の人が実名を明かさなかった。驚きました」。これはロシアと同じくらいの割合だという。「ロシアでは欧米系のメディアの取材に応じただけで、最悪の場合、拘束されるリスクがある。日本ではそんな心配はないはずなのに、なぜなのか」＞

シンガポールのストレーツ・タイムズ紙の日本特派員ウォルター・シム氏は次のように言う。

　　＜テレビの映像が奇妙に映る。人の顔や背景などにここまでぼかしを入れる国は見たことがなかった＞

宮地氏は次のように論じた。

　　＜理由は様々だろうが、2005 年に施行された個人情報保護法が「匿名社会」を加速させた一因と言われる。（略）

　　長年報道の現場にいるジャーナリストの金平茂紀さん（70）は「誤った法解釈で過剰な匿名化が進み、社会の健全な機能を維持するための公共の概念が失われている」と話す。実名だからこそ見知らぬ人の言葉でも実感を持って受け取れる。そうした個の外にある重なり合いによって、私たちは同じ社会に生きる豊かさも負担も共有できる。それなしに社会は成り立たない。そんなふうにも言えるだろうか。「言葉は、それをだれが発したのかという情報と結びつくことで、重みと責任が生まれる。僕はそこに、言葉の力があると思っている」＞

宮地氏は最後に「ロシアのウクライナ侵攻」後の 2022 年 6 月にオンライン取材したモスクワの自動車会社の労働者の実名を挙げて、＜政府への批判を語った彼の身の安全が心配になり、最後

に「匿名の記事にしますか」と聞いた私に、彼は言った。「匿名では意味がない」と。自分の名前でものを言える社会は想像以上にもろい。それを生み出す意識的な積み重ねが豊かな社会をつくるのだと、改めて気づかされる＞と結んだ。

日本のテレビには異常にボカシが多いとか、米欧の方が日本よりもっと「実名主義だ」という宣伝は、澤康臣氏らのお得意だが、既に述べてきた通り、まったくの出鱈目だ。

金平氏の日頃の仕事を評価するが、彼の「実名」論に賛同できない。日本では公人について、「過剰な匿名化」が横行し、「公共の概念が失われている」のではないか。一般市民の場合、匿名だからこそ、「だれが発したのか」よりも、発言の内容に「言葉の力がある」場合があるのだ。

世界で最初に、権力の持つ公文書に自由にアクセスできる権利を保証したのはスウェーデンだ。1776年に公文書に自由にアクセスできる権利を保障した印刷出版自由憲法（情報自由法、Freedom of the Press Act）が成立したのと同時に、市民は権力の前で匿名である権利が保障された。

日本では、安倍記念小学校用地、加計学園獣医学部疑獄事件で、公務員が「記録がない」「記憶がない」と平然と言い逃れしているが、先進国では公務員はすべて記録を残さなければならない。法律で非開示（秘密）と規定されているもの以外は、すべて市民に開示しなければならない。潮見憲三郎著『オンブズマンとは何か』（講談社、1996年）に詳しいが、印刷出版自由憲法は公的情報への自由なアクセス権によって、①自由に情報を伝え、思想や意見や感情を表現できる、②自由に情報を求め、また、受け取ることができる─仕組みを作った。また、1991年の「表現の自由に関する基本法」で憲法原則として「アクセス自由」。「みんなに

開示すると市民の権利利益を損なう」という場合に、ある限られた年数が経過するまで、開示は制限され得る。市民にとっての情報の重要度が、なによりも優先し、公的情報と表現の自由はみんなの（全体の）もので、みんなで情報を共有し論争に加わってほしいという構えだ。

海外の新聞、雑誌では、投書に実名を強制していない。「匿名では意味がない」のでなく、日本では、新聞に政府批判、反核反戦の投書が載ると、公安警察官が投稿者の監視を始めたという事態が起きる。会社を批判したりすると、嫌がらせもある。匿名、筆名での投書を求めるべきだ。

朝日新聞の犯罪報道の記事には記者の署名がほとんどない。

メディアは、権力と市民の挟み撃ちに遭っている。これを打開するには、「権力には厳しく、市民に優しい」ジャーナリズムを創生するしかない。また、大新聞の警察担当記者の月平均の残業は200時間前後とされ、記者が辞めていく原因になっている。

ジャーナリズムを創成し、メディア労働者の人権を守るため、欧州などで実践されている匿名報道主義を導入し、取材と報道についての行動指針を策定し、そのガイドラインを順守しているかどうかの審判を下す仕組みをつくるしかない。再び、人権と報道の議論が起きることを期待したい。

メディア責任制度は国によって異なるが、(1) マスメディア界（特に活字媒体）全体で統一した報道倫理綱領を制定し、(2) ジャーナリストや編集者が取材・報道を行う際、その綱領を守っているかどうかを審査する報道評議会（スウェーデンでは報道評議会を補佐するプレスオンブズマンを設置）を設立している—という点では共通している。

⒂ 大阪地検検事正逮捕、沖縄米兵起訴
キシャクラブで広報なし
隠蔽鹿児島県警本部長

　6月25日、大阪と沖縄で二つの凶悪事件が報道された。大阪地検検事正を務めた北川健太郎弁護士が準強制性交の疑いで大阪高検に逮捕された。高検は、逮捕容疑の詳細は「一切言えない」とした。また、在沖縄米軍の25歳兵長が少女への不同意性交罪で起訴されたが、事件の発生は昨年12月で、沖縄県警は3月11日に那覇地検に書類送検し、地検が同27日に在宅起訴した。県警、地検、外務省は6月25日に地元テレビ局が報道するまで、事件の発生、捜査経過を秘匿してきた。鹿児島県警であったことが、全国各地で起きているのだ。

　警察記者クラブが「権力を監視している」と主張する報道各社（労使）と「革新系」文化人は官憲依存の「実名報道主義」擁護を止めるべきだ。

　野川鹿児島県警本部長の隠蔽事件は、〈5月31日、「職務上知り得た秘密を漏らしたとして、国家公務員法違反（守秘義務違反）の疑いで、前県警本部生活安全部長の職業不詳本田尚志容疑者（60）＝鹿児島市○○△丁目＝を逮捕した。漏えいした疑いがあるのは、県警職員1人と一般人1人の個人情報〉（共同通信）という報道から始まった。

　本田氏の容疑は、「3月下旬、在任中に入手した警察情報が印字された書面を、別の警察職員の名前を使って第三者に郵送し、秘密を漏らした疑い」だった。

　県警幹部が捜査情報を外部にリークして逮捕されるというのは

衝撃的だったが、事件は6月5日に大きく動いた。本田氏が同日、鹿児島簡裁の勾留理由開示手続きで記者への情報提供を認めた上で「野川本部長が県警職員の犯罪行為を隠蔽しようとしたことが許せなかった」と動機を明かしたのだ。

23年12月15日に発生した枕崎署の巡査部長によるトイレ盗撮事件が本部長指揮の捜査となった際、野川氏が「最後のチャンスをやろう」「泳がせよう」と話し、本部長指揮の印鑑を押さなかったと主張。「自己保身を図る組織に絶望した」と語った。

また、別の警察官が市民から提供された情報をまとめた巡回連絡簿を悪用し、犯罪行為に及んだとも主張。いずれも24年3月の定年退職の時期になっても公表されず「記事にしてくれることで、不祥事が明らかになる」と考え、文書にまとめ記者に送ったと述べた。

盗撮事件で巡査部長が逮捕されたのは、本田氏の内部告発から2カ月半後の5月13日だった。

本田氏の弁護人の永里桂太郎弁護士は意見陳述で、本田氏が明らかにしようとしたのは警察官の犯罪行為を隠蔽しようとしたことであり、「正義心から今回の事件を起こした。非難されるべきは隠蔽しようとした組織の方だ」と釈放を求めた。

本田氏は3月28日、札幌在住のライター小笠原淳氏に県警の不祥事三件の概要が書かれた文書と公文書を送った。県警から小笠原氏に電話で文書を返還するよう求める電話が3回あったが、返還を拒否した。

小笠原氏は7月1日、私の取材に、「現物の紙として中身を見たことがあるのは、きょうの時点で差出人と私だけ。誰もその現物を確認していないのに、なぜ逮捕できたのか」と指摘した。「公益通報の目的で送ってきたわけだから、これを犯罪にしていたら、

公益通報を考えていた人は萎縮する」。小笠原氏の見解に全面的に賛同する。

　小笠原氏は福岡県を本拠にするニュースサイト「ハンター」代表の中願寺純則氏に情報を送っている。

　小笠原氏は、「ハンター」が約十年前にキシャクラブ問題で連載記事を載せた時、連絡を取ったのがきっかけだった。「報道各社の記者は、なぜ小笠原さんに送られてきたと思うかと聞くが、なぜ自分たちには送られてこなかったかを考えてほしいと言い返している。キシャクラブメディアの記者は質問の意味がつかめない。大手メディアの記者たちは、ハンターへの家宅捜索を批判しない。警察内のクラブにいる自分たちは、警察に捜索されることなどないと思っているからだろう。私や中願寺さんのことを同じ記者の仲間と思っていない」と強調した。

　小笠原氏は「NHK は鹿児島県警の相次ぐ不祥事のリストの中に、本田前生安部長の『漏洩事件』を入れて報道した。まったくの見当違い。県警が今回やったことを認めたら、ジャーナリストに内部告発をする人がいなくなる」と話した。

　また、「マスコミ記者に告発したら、県警に漏れると本田さんは考えたのだろう。記者たちはそこを深刻に捉えるべきだが、まったくそういう感覚がない」と述べた。小笠原氏の話からも、キシャクラブ制度がいかに、取材報道の現場を歪めているかがよく分かる。

⒃ 半年間事件発生を隠蔽した
在沖米軍兵長による少女強かん

　沖縄地検に起訴されたのは、面識のない少女を車で自宅へ連れ去り、性的暴行を加えたとして、不同意性交などの罪に問われた嘉手納基地所属の空軍兵長だ。県警は、米軍が兵長の身柄を確保していたため、逮捕できなかった。県警は 3 月 11 日に那覇地検に書類送検し、地検が同 27 日に在宅起訴した。日米地位協定に従って、米軍が起訴後に兵長の身柄を日本側に引き渡した。この間、県警は事件の発生、送検を県警記者クラブに広報（「公表」ではなくクラブ加盟の企業メディア記者に限定した便宜供与）せず、地検広報官（検察事務官）も司法クラブへ連絡しなかった。日米両政府は 1997 年の日米合同委員会で、米軍が公共の安全に影響を及ぼす可能性がある事件事故を起こした場合、日本の外務、防衛当局を通じて関係自治体に通報する仕組みを決めている。これが完全に空文化している。

　県警は 1995 年に起きた米兵 3 人による少女強かん事件以降、米兵によるほとんどの事件について、発生・逮捕時に速やかに広報してきた。ところが、警察・検察は 2023 年 7 月に強かん罪を不同意性交罪に変える改正刑法が施行されたころから、広報しなくなった。

　兵長の被疑事件は、沖縄のテレビ局記者がたまたま那覇地裁の事件簿を見て、米兵が被告人になった事件があるのを見つけて、関係先に取材して独自に報じて明るみに出た。報道の直後に、林芳正官房長官らが事件を認め、県にも連絡したと述べた。

　地元の捜査当局・中央政府が隠蔽を決めると、世の中に一切知

られないという構造が怖い。「報道界のアパルトヘイト」である
キシャクラブの記者が権力監視機能をまったく果たせないでいる
のだ。

　3月、起訴の段階で捜査当局から事件を知った外務省の岡野正
紀事務次官がエマニエル駐日米大使に抗議した。外務省はこの際、
沖縄県に情報を伝えなかった。

　県警、地検、裁判所、外務省はテレビ局が報道するまで、事件
の発生、捜査経過を秘匿した。鹿児島県警であった「事件の隠蔽」
が、全国各地で起きているのだ。玉城知事は「信頼関係において
著しく不信を招くものでしかない」と抗議した。県民も強く反発
した。

　これについて外務省の小林麻紀外務報道官（7月1日に内閣広
報官＝前任は四方敬之氏＝に就任）は、6月26日の記者会見で「個
別具体的な事案の内容に応じて適切に判断して対応している。特
に本件のように被害者のプライバシーに関わるような事案につい
ては、慎重な対応が求められる。常に関係各所にもれなく通報す
ることが必要だとは考えていない」と述べた。

　小林氏の、対応は適切だったという認識は異常だ。国民の人権
が蹂躙されているのに、米軍と日本警察の隠蔽を正当化するのだ。
日本が今も米国の植民地であることを象徴する発言だ。

　6月28日には、女性を強かんしようとして負傷させた海兵隊
員が5月26日に逮捕され、6月17日に起訴されていたことが
地元紙の報道でわかった。また、林官房長官が7月3日の会見で、
この2件の他にも同様の広報していない事案が3件あると明ら
かにした。計5件のうち3件が不起訴処分になっていると述べた。
23年から計5件を隠蔽していたことがわかった。

⑴ 被害女性「プライバシー配慮」は
事件隠蔽の理由にはならない

　県警と中央政府は「被害者のプライバシーへの配慮」を理由にしている。NHK によると、政府は 5 日、沖縄県内での同様の事件については、捜査当局が公表しないものでも可能な範囲で県に情報を伝える運用を始めた。捜査当局が公表しないものでも県に情報を伝えるというのだが、県警などはこれからも事件の発生、立件に関して広報しないのだ。

　沖縄では 1995 年 9 月に金武町で、米兵 3 人による女子小学生への集団強かんがあった。2001 年 6 月には、米空軍嘉手納基地所属の軍曹が北谷町の駐車場で女性をレイプ。08 年 2 月には、米海兵隊員が女子中学生を強かん。12 年 10 月には、米海軍兵2 人が通行中の女性を連れ去って強かん、16 年 3 月には、米海軍兵が那覇市のホテルで寝ていた女性を暴行。さらに同年 4 月、うるま市でウォーキングをしていた 20 歳の女性を米軍属の男が強かんしたうえナイフ等で刺殺した。

　外務省などは事件情報の隠蔽について、被害者のプライバシーを理由に挙げているが、沖縄では女性団体、弁護士会、マスコミ労協、書店商業組合などが事件被害女性の人権を守ってきた。ヤマト（本土）の週刊誌などが米兵の勾留理由開示裁判で読み上げられた被害者女性の住所、氏名などをもとに関係先の取材をしたことで、裁判所も被害者の特定につながる個人情報を伏せている。

　01 年の事件では、被害女性の家族関係、仕事を書いた「週刊新潮」「週刊文春」の県内での販売を拒んだ。沖縄弁護士会人権擁護委員会（永吉盛元委員長）は「一部週刊誌から侮辱的な取材

を受け、名誉とプライバシーを侵害された」と、人権救済の申し立てを行い、弁護士会はいちはやく会長声明を出して、メディア界に警告した。ヤマト（本土）と違い、沖縄では女性記者を中心として、性暴力犯罪の取材と報道について、被害者を守り抜く枠組みができている。私も関わってきた。県警が「被害者のプライバシー」を理由にして、米兵事件の情報を秘匿することは許されない。事件が取材報道されていれば、新たな事件の発生を止められたかもしれない。

⒅ 日本の裁判所は専制国家より閉鎖的
——県警の米兵被疑事件秘匿が根本問題

　起訴された兵長の初公判が那覇地裁（佐藤哲郎裁判長）で7月12日開かれた。検察側は冒頭陳述で、「被告人は翻訳アプリを使用してやり取りした後、自宅に連れ込み少女の首付近を掴んで暴行した」「帰宅した少女は、家族に泣きながら被害を訴え、母親が110番通報した」と指摘。弁護側は「ワシントン被告と少女の間には同意があった」として無罪を主張した。

　不同意性交等罪は、被害者が13歳以上16歳未満で相手が5歳以上年上なら、同意の有無に関係なく罪が成立する。兵長は日米地位協定に基づき、起訴後に日本側へ身柄を引き渡されたが、その後、那覇地裁の判断で保釈されていた。

　初公判には32枚の傍聴券を求めて264人が列をつくった。次の公判は8月23日に開かれ、被害者少女と母親の証人尋問が行われた。

　兵長の第2回公判が8月23日、那覇地裁で開かれ、検察側の

証人尋問で、少女は兵長からスマートフォンのアプリで「軍の特別捜査官」と示され、銃を持った写真も見せられたと述べた。被告の自宅へ向かう車内では「密室（車内）で何をされるか分からないという恐怖心があった」と述べた。自宅に入った理由については「逃げられないと思った」と語った。公判では少女のプライバシーに配慮し、傍聴席と被告人席から見えないよう、証言台の周りについたてが設けられた。

少女は、兵長から年齢を問われ、日本語と英語の両方を使い、指でジェスチャーを交えて16歳未満の自身の年齢を伝えたと説明した。

少女は検察側の質問に、事件発生前の昨年7月末、家の近くで外国人男性に体を触られたり、キスをされたりする被害に遭ったとも明らかにした。

その時に男性が「マイハウス」と指さした家が、今回の事件で少女が連れ込まれた家だったという。

少女に対する尋問は約5時間に及んだ。被害を受けた時の反応、動作を尋ねられるたびに少女は言葉に詰まり、苦しそうな息遣いが傍聴席に伝わった。

事件後の心身への影響について、「被害に遭って夜も眠れなくなり、外に出ることが怖くなったりしたほか、両親への申し訳なさや自己嫌悪にさいなまれ、睡眠薬の服用を始めたことや腕や足に自傷行為を繰り返すようになった」と述べた。兵長には、「犯した罪の重大さを分かってほしい」と訴えた。

沖縄県の玉城知事は8月23日の会見で、直接抗議のための訪米日程は9月8日から15日までに決まったと述べた。

キシャクラブメディアは、従来通り広報するよう要請すべきだが、メディアは沈黙している。在沖米軍では、少女事件の発生を

知らない兵士もおり、外出自粛などの指示もないという。なめ切った対応だ。

　沖縄テレビは7月13日、〈米兵性的暴行事件「公益性」か「プライバシー保護」か　再発防止の観点からも通報体制の在り方が問われる〉という記事を電子版で掲載した。記事には、〈言論法に詳しい専修大学の山田健太教授の「警察や政府機関は逮捕起訴段階において、公権力を行使した事実を遅滞なく開示する義務がある」というコメントがあった。山田氏は元新聞協会職員。「浅野に記事を書かせるな」と琉球新報文化部に圧力をかけたメディア（労使）御用学者。米兵事件の隠蔽は県警が記者クラブで広報（公表ではなくクラブ限定の便宜供与）しなかったことが一番問題。権力監視をサボっているキシャクラブも共犯だ。

　日本ジャーナリスト会議沖縄（JCJ沖縄）は6月29日、〈米兵少女誘拐暴行事件とその隠ぺいに対する抗議声明〉を公表した。

　　〈外務省が米大使に抗議した後、日米首脳会談、エマニュエル駐日大使の石垣・与那国訪問があり、沖縄県議会議員選挙があり、首相や米軍関係者も参列する沖縄戦慰霊の日の追悼式があった。これらに影響を与えないようにするという意図を当局は否定するが、信じることができない〉

　この声明に賛同するが、記者クラブが権力を監視していると主張するメディア（労使）はなぜ、昨年以来の米兵事件5件の発生をキャッチできなかったのか検証すべきだ。キシャクラブ制度を廃止し、海外と長野県・鎌倉市にある広報センターを設置すべきだ。

　読売新聞（7月20日）によると、米軍関係者による性犯罪の摘発が1989年以降、今年5月までに全国で計166件に上っていたことが、警察庁への取材でわかった。公表するか否かは各都

道府県警の判断。罪種別では、現在の不同意性交（罪名変更前の強かん、強制性交など）事件が91件で、不同意わいせつ（同強制わいせつなど）事件が75件だった。

14年以降の過去10年間では青森、岩手、埼玉、東京、神奈川、広島、山口、福岡、長崎、沖縄の1都9県の警察で摘発があり、沖縄県警が16件、警視庁が14件、山口県警が4件、神奈川県警が3件などだった。

在日米軍司令部は7月22日、ウェブサイトに掲載したリッキー・ラップ司令官名のメッセージで、「日本政府と連携し、在日米軍指導層、沖縄県、地域住民が協力する新たなフォーラムを創設する」と説明。また、米軍警察によるパトロールを強化する意向を示した。

林官房長官は23日の記者会見で、この「フォーラム」に関し「地元との建設的な議論がなされるよう日本政府としても全面的に協力する」と述べた。

玉城知事は東京の日本外国特派員協会FCCJでの会見（8月7日）で、米兵による女性への暴行事件を巡り来月訪米し、米国政府に直接抗議する考えを明らかにした。玉城知事は7月、上川外相に抗議し、米国防総省も事件に対し遺憾の意を表明。玉城知事は「沖縄が抱える様々な問題を解決する必要性について国防総省や国務省などの米国政府連邦議会議員、米国の世論にも訴えていきたい」と述べた。また、米軍が県や地域住民と意見交換するフォーラムの創設を発表したことについては「構成メンバーなど具体的な内容を確認しつつ、関係機関と調整を進める必要がある」と述べ、早期の開催に向けて取り組む意向を示した。

玉城知事は「これらの事件には、2つの問題がある。まず、米軍人による、女性の人権と尊厳を侵害する、非人間的で悪質な犯

罪だ。断じて許すことはできない。そして、日本政府や沖縄県警察から、沖縄県への情報提供がなかったことも問題だ」と指摘した。知事は、地域住民の安全確保のために事件の情報を周知することが必要であること、また情報の周知とプライバシーの保護は両立することを強調した。

「私には、県知事として県民の生命と財産、安心と安全を守る責任がある。そのため、米軍と日本政府の両方に、今後同様の事件が起きないように要求する権利と責任がある」

沖縄県が1972年に日本に返還されてから2023年までの51年間、県内では米軍構成員など（米軍人や軍属とその家族）の刑法犯が6235件摘発されてきた。そのうち、殺人や強盗、不同意性交などだった。

7月、一連の事件を受けた沖縄県が日本政府に抗議したところ、林官房長官から「在日米軍の犯罪に関する情報共有」の方針が示された。その方針は「被害者のプライバシーに配慮しながら、可能な範囲で情報共有を行う」というもの。玉城知事は「『可能な範囲』ではなく、事件発生後から、迅速な情報共有が必要だ」と不満を示した。

2000年、米軍と国や県などが参加する、米軍人や軍属による事件・事故防止のための協力ワーキングチーム（CWT）会議が開催され、その後もCWT会議は2017年まで年に一度以上行われていた。しかし、2017年4月以降、CWT会議は一度も開催されていない。沖縄県は日米両政府に対して、機会あるごとにCWTの速やかな開催を申し入れてきた。

玉城知事はFCCJの会見で、問題点として、政府や地元の警察から県側に情報の共有がなく、アメリカ軍や日米両政府への抗議、それに県民への周知が迅速に図れなかったことを挙げた。

インドネシアの記者から「地元の警察と良好な関係であれば情報は伝えられていたのではないか」という指摘を受けたのに対し、玉城知事は「県警察本部のトップに対し『県民の命と安全を守るためにわれわれは協力しなければいけない』ということをしっかり考えて連携するよう伝えた」と述べた。

沖縄県警は9月5日、20代の米海兵隊員の男性を不同意性交致傷の疑いで書類送検したと県に伝達した。被害者は20代女性で、事件は6月下旬に本島北部で発生した。女性の関係者が警察に通報し、事件が発覚。県警が、米側の管理下にある米兵を任意で取り調べ、書類送検した。この事件は一連の隠ぺいが明らかになった時期と重なっている。

玉城デニー知事は6日の定例記者会見で、「在沖米軍の規律が著しく乱れているとしか言いようがない。断じて許すことができず、強い憤りを禁じ得ない」と強調した。

⒆ メディア責任制度を確立し、 事件事故報道のコペルニクス的転換を

私の本が一つのきっかけになって、1985年7月には人権と報道・連絡会（代世話人・奥平康弘東大名誉教授）が誕生した。拙著『新・犯罪報道の犯罪』（講談社文庫）などで「顕名報道基準試案」を発表している。

87年に熊本で開かれた日弁連の人権大会は「原則匿名の実現に向けて」活動すると決議した。報道される側の権利が社会的に定着し、89年末にはメディア界が被疑者の「呼び捨て」の廃止を決定、朝日新聞などが被疑者の顔写真・連行写真の不掲載原則

を決めた。

　新聞労連の「新聞人の良心宣言」（97年）は「被害者・被疑者を顕名とするか匿名とするかについては常に良識と責任をもって判断し、人権侵害を引き起こさないよう努める」と規定した。一般市民の場合、警察が実名を公表しても、報道現場の記者とデスクが当事者の要望をよく聞き、匿名・顕名を決めようという指針だ。

　しかし、オウム事件、光市母子事件などで少年にも死刑を、少年も実名にというメディアの動きがあり、社会における処罰感情の高まりで、新聞労連、日弁連、アカデミズムでも、メディア責任制度設立の機運は消えていった。

　現在40歳以下の記者は、80〜90年代の人権と報道の議論をほとんど知らない。新聞労連の運動方針から報道評議会の設置も消えて約20年になる。

　裁判員制度が2009年に導入された時が最後のチャンスだった。裁判員の予断をなくすために犯罪報道の改革は不可欠で政府案には偏見報道の禁止があったが、報道界が反対して、業界の自主努力に委ねられた。公正な裁判のために、起訴前と起訴後の犯罪報道を変えると公約したのだが、それもほとんど忘れられていないか。

　メディアは、権力と市民の挟み撃ちに遭っている。これを打開するには、「権力には厳しく、市民に優しい」ジャーナリズムを創生するしかない。

⑳ 日本会議・公安警察・松井市政の 集会禁止をはねのけ原爆ドーム前集会を開催

　私は毎年、8月6日に広島へ行くことにしている。24年8月も4日から7日まで広島に滞在した。24年の「8・6」原爆犠牲者慰霊の日は、23年の先進7カ国首脳会議（サミット）と同様に、機動隊が平和公園を包囲する異様な警備下で行われた。

　広島市は5月7日、8月6日早朝から平和記念式典への異例の立ち入り規制を発表した。朝5時から9時まで入場規制をおこない、「マイク・拡声器・楽器類」「プラカード・ビラ・のぼり・横断幕等」の持ち込みは禁止。さらに平和公園を鉄柵で囲い、慰霊で訪れる被爆者をはじめとする参加者も全員に荷物検査を実施するとした。原爆ドーム周辺でおこなわれてきた集会はすべて禁止するという違憲の言論抑圧だ。松井一實市長は「法的根拠はない」と言い放って、警察権力の力を背景に集会規制を強行した。

　広島県警公安課と広島中央署は24年2月28日、23年8月6日の原爆ドーム前集会（8・6ヒロシマ大行動実行委員会＝1999年に発足＝が主催）で、広島市職員を転倒させたとして、「中核派の男5人を暴力行為等処罰法違反容疑で逮捕した」（中国放送）と広報した。暴力行為等処罰法違反容疑での逮捕。広島地検は3月19日起訴を強行した。5人は8月もエアコンのない広島拘置所に投獄されていた。5人は勾留されたままだ。

　キシャクラブメディアは県警記者クラブで行われた警察広報を受けて、裏付けもせず、5人の実名、住所、年齢を掲載し、＜規制線を突破しようとして職員を転倒させた＞（中国新聞）などと報じた。事件そのものがでっちあげで、しかも"発生"から半年

後の逮捕だった。

「静かな8月6日を願う広島市民の会」を名乗る日本会議系約200人が岸田文雄首相の平和記念式典出席を弾劾する集会の阻止を企んだが、学生、労働者、市民がスクラムを組み、反戦集会を勝ち取った。

今回の弾圧に使われた暴処法は「暴力行為等処罰ニ関スル法律」として1926年に制定された。当時の労働運動や社会運動を弾圧するために治安維持法と一体でつくられ、戦前から労働運動などの社会運動を「暴力行為等」として潰すことに使われてきた悪法。これによって多くの社会主義者や労働運動活動家が逮捕された。戦後も治安立法として生き残り、労働運動・学生運動に適用されてきた。

この"事件"で「転倒した」とされる市職員の氏名、役職は明らかにされていない。キシャクラブメディアの宣伝する「集団で市職員を暴行した」というのは警察・検察による完全なでっち上げだ。ケガをしたと名乗り出た市職員はおらず、被害届も出されていない。事実は、右翼活動家による妨害・襲撃から集会を守ろうとしただけなのだ。

中国新聞は「暴力行為法違反（集団的暴行）の疑いで逮捕」と伝えたが、法律名を書いていない。報道各社の逮捕・起訴の記事には、5人の実名があるが、逮捕・勾留状を発付した裁判官、逮捕状を執行した警察官、起訴した検察官の実名がない。記事には記者の署名（バイライン）もない。

市民は実名、公人・権力者は仮名。インチキな「実名報道主義」だ。

森川文人弁護士（第二東京弁護士会）によると、勾留決定の裁判官は林宏樹、起訴検事は小野間薫の各氏。被告人にされた5人の弁護人は森川、本田兆司、工藤、端野真、藤田正人各弁護士

の5人。「8.6ヒロシマ弾圧を許さない会」が5月に発足した。

　私は広島市広報課からプレスパスを受け取り、23年の8・6式典や岸田首相と被爆者7団体代表との意見交換会などを取材した。実行委主催の集会・デモは整然と開催され、市職員には「けが」もなかった。広島の多くの企業メディアの記者たちも現場を取材しており、警察・検察の逮捕、捜索がでっち上げと分かっているはずだ。

　私はこの集会を取材したが、集会で暴力をふるったのは、全国から動員された日本会議系の「市民グループ」だった。整然と行われた反核集会を罵り、妨害したのは極右のレイシストたちだ。集会妨害者に寄り添っていたのが公安警察（私服を含む）と市役所職員だ。

　広島では、昨年のサミットでのG7の核保有を肯定した「広島ビジョン」の発出、『はだしのゲン』『第五福竜丸』の広島市の教育ノートからの削除、松井広島市長は教育勅語を研修で使用し、さらにロシアの8・6平和記念式典出席は拒否しながら、パレスチナ・ガザでの虐殺をおこなうイスラエルは「招待」すると表明した。イスラエルや米国の極右政治家たちは、ガザへの核兵器使用を扇動している。米国は広島・長崎への原爆投下の正当性を公言し、臨界前核実験を強行している。

　5人逮捕前日の2月27日には広島市議会で、原爆ドーム前集会の事実上「禁止」を求めて、右翼勢力が提出した「請願」が賛成多数で採択された。

　広島のある学生は、仲間の"革新"系の「原爆反対」の市民運動家から、「逮捕起訴されたのはトロツキスト暴力集団だ」「○○派の人たちだから、支援に関わらない方がいい」と繰り返し、説得されたという。特定の党派だから逮捕・起訴されても仕方がな

いと、支援運動を妨害する「党派」は、8・6表現の自由弾圧を
強行する公安警察と広島市役所の側に立つ、人民の敵だ。

　広島の公安当局、裁判所、市役所、企業メディア、極右集団が
一体となった5人の逮捕・起訴は、軍国主義者・岸田氏による「米
国とともにいつでもどこでも戦争ができる」国家総動員体制づく
りのため、選挙区である広島の地での反戦反核運動を許さない強
い意志の表れだ。

　いま、日本のメディアは世界各地の大学などで起きているガザ
支援のデモを評価している。広島などでの反戦反核の集会・デモ
への公安による弾圧になぜ怒らないのか不思議だ。

　7月28日から、陸上自衛隊と米海兵隊の実動訓練『レゾリュー
ト・ドラゴン24』が8月7日まで岩国、九州、沖縄を舞台に過
去最大規模で行われた。

　人報連は8月4日午後、広島弁護士会館で「8・6暴処法5人
弾圧と報道」の学習会を開催し、約40人が参加。現在のマスメデ
ィアが権力の広報に成り下がっている実態を明らかにしたいい集ま
りだった。私が約50分講演、質疑応答をした後、23年5月の
サミット反対デモで不当に逮捕・勾留された広島大学生の太田蒼
真氏（広大自治会委員長）、5人の弁護人の工藤勇行弁護士、朝鮮
人被爆者協会の金鎮湖会長と私で討論した。

　5日午後10時、原爆ドーム前に行くと、8・6ヒロシマ大行動
実行委員会(1999年に発足)の約200人が座り込みを始めた。沖縄、
関東、関西などから駆け付けた、反戦反核の労働者、学生、市民
らが演説を続けた。

　6日午前5時、原爆ドーム前に行った。広島市長は午前5時から、
平和公園一帯を封鎖するとしていたが、前夜から徹夜で集会を続
けた約650人が規制地域内に結集し、公安警察、機動隊は手を

出せない状況だった。

当局は午前6時過ぎから、規制線の中に市民を入れなくしたので、周辺に数百人いた。

スピーカーで排除命令を出す警察官のすぐ横に、監視団の森川文人弁護士ら弁護士3人が立った。「広島中央警察署長から、広島市長の要請に基づき、公園に滞留している諸君は、公園管理業務を妨げている。直ちに退去しなさい」という声は、スクラムを組み、座り込む市民らのコールでかき消された。私服の公安が私の写真を撮ったので、彼にカメラを向けたら、スマホに触れて、私の手を強く叩いた。逆なら公務執行妨害で逮捕される犯罪だ。暴力をふるった私服刑事の写真をフェイスブックに上げた。広島のキシャクラブメディアの社員記者たちも取材していた。報道人と人民が見ている中で、機動隊の暴力行使は困難だ。数十人ならごぼう抜きも可能だが、これだけの集会参加者を排除すると大混乱になる。それでも、一触即発の危機はあった。

私は平和記念式典を取材するため7時20分ごろ、現場を離れたが、後で、近隣県からの応援も含めた機動隊の介入はなく、最後まで実施されたことを知った。

徹夜で集会を守り抜いた参加者は「座り込み排除を許さないぞ」「警察は帰れ」「核戦争を許さないぞ」「イスラエルを式典に呼ぶな」「岸田を式典に呼ぶな」「広島長崎を繰り返すな」などとコール。全国各地から参加した市民団体、労働団体などの代表がスピーチを続けた。

県警機動隊の指揮者は最初、公園管理業務の妨害と警告。次に公園管理条例を持ち出し、最終的には実行委の宮原事務局長に、威力業務妨害に当たるとくるくる主張を変えた。また、広島市は迷惑行為を禁じる条例に違反しているとして過料5万円になる

第Ⅲ部 市民に厳しく公人に優しい報道現場の劣化

と通告。メディアにも、過料5万円の支払いを命じると言っているようだ。日本テレビ系の広島テレビが報じた。

機動隊が松井一實市長の要請として、5日午後10時から座り込んだ650人に退去命令を出し続けたが、結局、ごぼう抜きなどの実力排除を見送った。市当局が「法的根拠がない」と自認していたので、結局排除は断念したようだ。

23年の原爆ドーム前の集会で5人が逮捕・起訴されたことでの支援運動の広がりもあった。

広島市の職員が「退去してください、退去を命令します」と警告。午前6時過ぎから、機動隊員が集会参加者の間に立ち、両手で移動を促すように手を横に振って、退去を促した。機動隊が、野球の応援団みたいなウエーブをしているのは滑稽だった。

参加者の労働者、学生、市民は、立ち退き要請を拒み、午前8時すぎまで集会を続けた。松井市長の規制は法的な根拠がないと自ら認めていた。しかも、700人近い参加者があり、内外のマスメディアが取材する中、暴力行使はできなかった。

集会主催者も午前6時半には、機動隊の実力行使があると警戒していたが、おそらく警察トップ、首相官邸の警察官僚が、歯止めをかけたのではと思う。

市民の結集で、警察の介入を阻んだことは、画期的なことだ。松井市長の集会禁止の措置が破綻した。「ああいうやり方をするから規制を招いた」「○○派がやっているから参加しない方がいい」などと言ってきた、一部の「革新」「左翼」の主張も破綻した。恥を知れと言いたい。

「静かな8月6日を願う広島市民の会」を名乗る日本会議系のチンピラ右翼が数人、時々騒いでいたが、今年は動員がなかったようだ。

私が見た限り、NHKはこの集会の攻防を全く報じていない。地元の中国放送など民放各局と産経新聞電子版が報道した。7日の中国新聞も地方版で小さく報じただけだ。東京新聞は9日、特報面で報じた。

　広島市と広島県警が大恥をかいたことは伝えないというキシャクラブメディアは終わっている。

　電子メディアでは、産経新聞電子版が報じた。小学館のNEWSポストセブンが6日午後5時45分に＜【8.6中核派VS広島県警】原爆ドーム前でオールナイトの怒鳴り合い　強制排除できない機動隊は列を作って手招き　中核派はスクラム組んだり座り込んだりして無視…　若い活動家女性は「警告を繰り返しながらも、私たちに指一本触れられなかった」と高々に"勝利宣言"　近隣住民「こんなことが許されていいものなのか…」＞という詳しい記事を配信した。見出しが長い。参加者を100人と極端に少なく伝えるなど、実行委を党派と結びつけた警察べったりの記事だが、何が起きたかがわかる。

　NEWSポストセブンの記事は捜査関係者と仮名の情報源で、＜広島市の職員に体当たりをしたという容疑で、今年の2月、県警は5人の中核派の活動家を逮捕しています。起訴され、現在も5人の身柄は拘束されています。このような経緯から、今年はさらに過激化するという見立てでした＞と言わせている。＜8月6日早朝、腕を組み4列縦隊の最前列で、参列者の誘導にあたっていた市職員に体当たりをした暴力行為等処罰法違反（集団的暴行）の罪に問われている＞

　この記事には署名がない。参加者の中には、沖縄の郵便労働者、退職教員、関西生コン、伊方原発反対の市民などもいた。党派と結びつける発想は間違っている。

午前8時からの平和式典を記者席で取材した。23年は広島市広報課との長い闘いの末、式典前日に取材許可を得たが、24年は市広報課がすんなり、プレスパスを出した。

　松井市長の平和宣言で、核兵器廃絶への市民社会の運動を呼び掛けたが、原爆ドーム前の集会こそが、反核の社会運動ではないかと思う。松井氏は「ロシアによるウクライナ侵攻の長期化やイスラエル・パレスチナ情勢の悪化により、罪もない多くの人々の命や日常生活が奪われています」と述べた。イスラエルのパレスチナ侵攻、大虐殺だ。岸田首相の挨拶は全く内容のないものだった。

　岸田氏の演説中、原爆ドーム前での「岸田は帰れ」「イスラエル代表招待を糾弾する」というコールが会場にも届いていた。午後零時半から、実行委は県立総合体育館小アリーナで集会。750人が参加し、その後、デモ行進した。

　私はスハルト軍事政権下のインドネシアで3年半特派員を務めた。カンボジア、タイなどの内戦も取材した。ジャーナリストがそこにいるだけで、軍隊、警察などによる虐殺、暴力を止めることができるという外国人記者がいた。

　実行委の顧問の森川文人弁護士らが7月30日、日本外国特派員協会（FCCJ）事務局を訪問して、原爆ドーム前集会を取材するよう要請書を渡したのはよかった。日本の官僚は海外の目を気にしている。外圧が必要だ。

　私は20日、広島市広報課に「宮原氏に過料について連絡しているか」と聞いたが、「個人とのやり取りであるため答えられない」との回答（21日）だった。その後、広島市から8月16日、過料5万円を支払うよう求める配達証明文書が実行委に届いたと聞いた。実行委は20日、市役所を訪れ、抗議した。広島市で公園条例違反で過料を科した例はないという。実行委は支払いを拒否し

ており、市が法的措置をとるかが注目だ。

⑵ 81 歳 KADOKAWA 前会長が
　捜査当局の共犯・犯人視報道を斬る

　「海外から『中世のなごり』と批判され、憂慮すらされる日本の司法制度を近代化して、自分と同じ犠牲者を生まないよう死力を尽くす。それは出版人としてメディアに生きた者の責務でもあり、生涯最後の仕事して取り組むに値する」

　角川歴彦前 KAKDOKAWA（前身は角川書店）会長が 24 年 6 月に出版した『人間の証明　勾留 226 日と私の生存権について』（リトルモア）の一節だ。人間の尊厳を懸ける人質司法違憲・公共訴訟を起こした角川氏が廃絶を求めているのは、警察・検察に逮捕された後、否認や黙秘を続ける被疑者・被告人を長期間にわたり身体拘束する（人質にする）ことで虚偽の自白を強要し、有罪判決を得ようとする検察捜査の在り方を指す人質司法だ。

　角川氏は、東京五輪をめぐる汚職疑惑の国策捜査で、2022 年 8 月 8 日から 3 回、東京地検特捜部の久保庭幸之助検事から任意の聴取を受けた後、9 月 14 日に突然逮捕された。当時 79 歳で、不整脈の持病があり、11 月に 3 回目の手術を受ける予定だった。

　しかし、保釈請求は「証拠隠滅の可能性」を理由に却下された。東京拘置所では「八五〇一」が呼称で名前を呼ばれることはなかった。

　いち早くネット時代に注目してメディアミックスを進め、父の角川源義氏が創業した KADOKAWA を三大出版社（講談社、集英社、小学館）に対抗する出版社に発展させた著者は、検察調書に

一通も捺印しなかった。そのため、五輪事件で逮捕・起訴された他の15人が公訴事実を概ね認めて次々と保釈された中、ただ一人、「囚人」として226日間投獄された。

角川氏は自身の潔白を証明すると同時に、3000人の社員を守るため、否認を貫いた。

収容中、医師に「角川さん、あなたは生きている間にはここから出られませんよ。死なないと出られないんです。生きて出られるかどうかは弁護士の腕次第ですよ」と言われた。看守の一人は「弁護団がついているだけ角川さんはいい。国がつける国選弁護人はひどいですよ。みんな泣いています」と話した。

4度目の保釈申請が認められたのが23年4月27日だった。角川氏は獄中で人間としての尊厳を冒され、基本的人権を侵害された226日を記録した。

先進国では日本にしかない人質司法について、「それが実際、私の身に起こるようなこととは到底思えず、私には全くリアルティがなかった」と著者は振り返る。

英語版も同時刊行された本書は140頁とコンパクトな作りだが、個人の体験を社会化し、公共訴訟（個人の権利回復だけでなく、社会制度の不備を問い問題の解決を目指す訴訟）をとおして、余生を司法の民主化に捧げるという一字一句の言葉の力に圧倒される。

「私の基本的人権と尊厳は侵害され続けた」「これが、私の最後の闘いだ」が繰り返される。

第二部第一章に「メディア主導の人民裁判」という小見出しがあり、自身も身を置いたメディアへの批判が展開されている。「人質司法の恐怖を最初に体感したのはマスメディアによる犯人視報道だった」「特捜検察はメディア報道を利用して被疑者や被告人

を『犯罪者』に仕立て上げ、世論の後押しを得て強引に捜査を進める。これはまさに現代の『人民裁判』である」

角川氏は、日本にしかない記者クラブ制度にも斬り込んだ。

「当局はメディアに『記者クラブ』という特権を与え、太平洋戦争末期の大本営発表よろしく当局側にとって都合のいい情報を流してきた」「メディアに対する検事の情報漏洩は国家公務員の守秘義務違反である。メディアは人民裁判の共同謀議に加担している」

「人質司法は、強大な力を持つ検察が主導しながら警察・検察・拘置所・裁判所・メディアが一体となって維持されている『システム』なのだ」

「人質司法とメディアによる人民裁判は、拘置所にいる被疑者・被告人を社会から抹殺する『中世の断頭台』として機能していることを知ってほしい」。自己の体験を踏まえたメディア改革論だ。

保釈後、システム全体を変えるために何をすべきかと考えていた時、「無罪請負人」と呼ばれる弘中惇一郎弁護士から「角川さん、これは憲法と国連に訴えなければだめですよ」という助言を受けた。保釈から1年2か月後の今年6月27日、国家賠償請求訴訟を起こした。本書の刊行日でもある。また、国連人権理事会の下に設置された恣意的拘禁作業部会の個人通報制度に基づいて救済を申し立てた。

角川氏は「日本国憲法が作られたが、それはフランス革命のように市民が血を流して獲得したものではなく、薄皮のようなメッキに過ぎなかった」「国際人権について後進国である日本は鎖国状態にあり、いまや日本の常識は世界の非常識になっている」と書いた。

角川氏は、司法関係の書物を読み、冤罪被害者らに面談した。

日産のゴーン元会長事件、村木厚子元厚労事務次官、大川化工機の大川原正明社長らの経験から学んだ。

　角川氏は検察の逮捕だったので、警察留置場を法務省管轄の拘置施設として代用する「冤罪の温床」である代用監獄には収容されていないが、国連機関から代用監獄が人質司法の要因の一つとして廃止を勧告されていると指摘する。

　本書の題名はKADOKAWAが出版した森村誠一氏（23年7月死去）の『人間の証明』と重なる。角川氏は、「人権」という言葉が日本人には難しいと考え、このタイトルしかないと考え、24年3月、森村氏宅を訪ねて森村氏の妻に頼んだところ、30秒間の沈黙の後、「光栄です」と快諾してくれたとあとがきに書いている。森村氏の納骨日の前日だった。

　あとがきには、「志を同じくする仲間を募って日本社会から人質司法をなくし、その犠牲者を救済していく活動を展開していきたい」とあり、「保釈の身で社会に復帰していいのか、社会で何ができるか、戸惑っている時に声をかけてくださった全ての方に感謝します」で結んでいる。私も同志の一人に加わりたいと思う。

⑵ メディアと大学が権力を監視しない日本
──メディア労組と人民の連帯で民主化を

　岸田政権と自民が支持され、第二自民党を自称する維新が勢いを増す政治状況が生まれたのは、行政権力を監視すべきジャーナリズム（報道）とアカデミズム（大学）が全く機能せず、権力の補完勢力となっているからだ。権力に抗うべき労働組合、労働団体の多くも本来の機能を果たしていない。

オランダ人ジャーナリストのカレル・ヴァン・ウォルフレン氏（後にアムステルダム大学教授）は、『人間を幸福にしない日本というシステム』（1994年）の結びで、日本人が幸せになれないのは、「大学（アカデミズム）と報道（ジャーナリズム）が日本では機能していないからだ」と指摘した。私は報道機関と大学の両方に約20年ずつ勤務したので、その両方が国際標準に達しておらず、しかも年々劣化していると痛感している。

マスメディアが権力監視を怠り、ロシア・ウクライナ戦争に乗じて、民衆に「次は東アジアだ」「日本は明日のウクライナ」と煽り、戦争に起因するエネルギー不足を叫んで、軍国主義化、新・原発神話を民衆に刷り込んできた。メディアの大本営発表報道復活は万死に価する。

これから長生きして、浅野健一と人報連の活動、北村肇委員長時代の新聞労連や日弁連人権大会での、匿名原則報道提言をなかったものにしている現在の企業メディア（労使）幹部、メディア批判を忘れた御用学者らに抗い、「生涯一記者」として、日本における国際標準のジャーナリズムの創成に力を注ぎたい。同志たちと共に前進したい。

権力とキシャクラブメディアによるプロパガンダに騙されず、岸田自公権力による暴走を止めるために闘おう。日本には、連合国の世界人権宣言と同時期にできた人類の叡智の結晶である日本国憲法がある。権力者と企業メディアに憲法を守らせる不断の努力で、社会に人権と民主主義を確立し、周辺国の人民と共生する未来を切り拓こう。非同盟・非武装・中立の日本を構想することが最も現実的で賢明な選択と信じ、同志と共に進みたい。

自民党の支持率は自民党が大敗した2009年の衆院総選挙前と同じになった。支持政党なしが過半数に迫っている。次の解散総

選挙は、軍国主義化か平和主義化かを決める重大な政権選択選挙
になる。自民党・公明党が大敗しても、第二自民党を名乗る維新、
自民擦り寄りの国民が伸びてはならない。無党派層に、自民・公
明・維新・国民への投票を止めるよう訴えたい。

資料編

著者略歴、著作、研究業績、ネット上の講演など

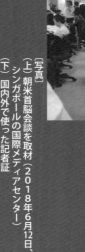

【写真】
〔上〕朝米首脳会談を取材（2018年6月12日、シンガポールの国際メディアセンター）
〔下〕国内外で使った記者証

【著者略歴】

1948 年、香川県高松市生まれ。66 〜 67 年 AFS 国際奨学生として米ミズーリ州スプリングフィールド市立高校へ留学、卒業。

1972 年、慶應義塾大学経済学部卒業、新聞研究所修了。社団法人共同通信社入社。編集局社会部、千葉支局、ラジオ・テレビ局企画部、編集局外信部を経て、89 年から 92 年までジャカルタ支局長。帰国後、外信部デスク。

1977 〜 78 年、共同通信労組関東支部委員長。94 年 3 月、共同通信退社。

1994 年 4 月から 2014 年まで同志社大学社会学部メディア学科・大学院社会学研究科メディア学専攻博士後期課程教授。

1996 年 12 月〜 97 年 12 月、同志社大学教職員組合委員長。

1999 年 3 月から 10 月まで、厚生省公衆衛生審議会疾病部会臓器移植専門委員会委員。

1994 年から 2019 年まで現代人文社（成澤壽信社長）取締役。共同通信社友会準会員。人権と報道・連絡会代表世話人。たんぽぽ舎アドバイザー。憲法 9 条―世界へ未来へ連絡会（9 条連）共同代表。千葉県 9 条連代表。「税金私物化を許さない市民の会」顧問。

2002 年から 2003 年、英ウエストミンスター大学客員研究員。

2015 〜 16 年、関西大学文学部非常勤講師。

【著作一覧】

▼単著

『犯罪報道の犯罪』（学陽書房 1984 年、講談社文庫、新風舎文庫）

『犯罪報道は変えられる』（日本評論社 1985 年、『新・犯罪報道の犯罪』と改題して講談社文庫に）

『犯罪報道と警察』（三一新書 1987 年）

『過激派報道の犯罪』（三一新書 1990 年）

『客観報道・隠されるニュースソース』（筑摩書房 1993 年、『マスコミ報道の犯罪』と改題し講談社文庫）

『出国命令　インドネシア取材 1200 日』（日本評論社 1993 年、『日本大使館の犯罪』と改題し講談社文庫）

『日本は世界の敵になる　ODA の犯罪』（三一書房 1994 年）

『メディア・ファシズムの時代』（明石書店 1996 年）

『「犯罪報道」の再犯　さらば共同通信社』(第三書館 1997 年)
『オウム「破防法」とマスメディア』(第三書館 1997 年)
『犯罪報道とメディアの良心　匿名報道と揺れる実名報道』(第三書館 1997 年)
『天皇の記者たち　大新聞のアジア侵略』(スリーエーネットワーク 1997 年)
『メディア・リンチ』(潮出版 1997 年)
『脳死移植報道の迷走』(創出版 2000 年)
『メディア規制に対抗できるぞ！　報道評議会』(現代人文社 2002 年)
『「報道加害」の現場を歩く』(社会評論社 2003 年)
『新版　犯罪報道の犯罪』(新風舎文庫)
『戦争報道の犯罪　大本営発表化するメディア』(社会評論社 2006 年)
『メディア「凶乱」(フレンジー)──報道加害と冤罪の構造を撃つ』(社会評論社 2007 年)
『裁判員と「犯罪報道の犯罪」』(昭和堂 2009 年)
『記者クラブ解体新書』(現代人文社 2011 年)
『安倍政権・言論弾圧の犯罪』(社会評論社 2015 年)

▼編著
『スパイ防止法がやってきた』(社会評論社 1987 年)
『天皇とマスコミ報道』(三一新書 1989 年)
『カンボジア派兵』(労働大学 1992 年)
『激論・新聞に未来はあるのか　ジャーナリストを志望する学生に送る』(現代人文社ブックレット 1999 年)
『ナヌムの家を訪ねて　日本軍慰安婦から学んだ戦争責任』(浅野健一ゼミ編、現代人文社 1999 年)
『メディア規制に対抗できるぞ！　報道評議会』(現代人文社 2002 年)
『イラク日本人拘束事件と「自己責任論」報道』(浅野健一ゼミ編、現代人文社 2005 年)

▼共編著
『無責任なマスメディア』(山口正紀氏との共編、現代人文社 1996 年)

▼共著

『メディアの犯罪』(「マスコミ市民」編集部編、日本マスコミ市民会議 1985 年)

『ここにも差別が』(解放出版社 1985 年)

『死刑囚からあなたへ』(インパクト出版会 1987 年)

『アジアの人びとを知る本 1・環境破壊とたたかう人びと』(大月書店)

『メディア学の現在』(世界思想社 1994 年)

『検証・オウム報道』(現代人文社 1995 年)

『匿名報道』(山口正紀氏との共著、学陽書房 1995 年)

『激論　世紀末ニッポン』(鈴木邦男氏との共著、三一新書 1995 年)

『松本サリン事件報道の罪と罰』(河野義行氏との共著、第三文明社 2001 年、講談社文庫、新風社)

『大学とアジア太平洋戦争』(白井厚氏編、日本経済評論社 1996 年)

『オウム破防法事件の記録』(オウム破防法弁護団編著、社会思想社 1998 年)

『英雄から爆弾犯にされて』(三一書房 1998 年)

『新聞記者をやめたくなったときの本』〈北村肇編、現代人文社)

『プライバシーと出版・報道の自由』〈青弓社編集部編、青弓社 2001 年)

「週刊金曜日」別冊ブックレット『金曜芸能　報道される側の論理』(金曜日 2001 年)

『検証・「拉致帰国者」マスコミ報道』(人権と報道・連絡会編、社会評論社 2003 年)

『抗う勇気　ノーム・チョムスキー＋浅野健一　対談』(現代人文社 2003 年)

『対論・日本のマスメディアと私たち』(野田正彰氏との共著、晃洋書房 2005 年)

『「ごめん」で済むなら警察はいらない』(柳原浩氏との共著、桂書房 2009 年)

『冤罪はいつまで続くのか』(矢澤昇治氏との共著、花伝社 2009 年)

『憲法から見た実名犯罪報道』(飯島滋明編、現代人文社 2013 年)

『20 人の識者からみた「小沢事件の真実」』(日本文芸社)

『司法の犯罪（冤罪）は防げるか』(陪審制度を復活する会、奈良新聞社 2011 年)

『いいがかり　原発「吉田調書」記事取り消し事件と朝日新聞の迷走』(編集代表・鎌田慧ら、七つ森書館 2015 年)

『冤罪とジャーナリズムの危機　浅野健一ゼミ in 西宮』(鹿砦社

2015 年)

オ・ヨンホ著『オーマイニュースの挑戦』（太田出版 2005 年）、斉間満著『匿名報道の記録　あるローカル新聞社の試み』（創風社出版 2006 年）に解説を書いている。

監修ビデオに『ドキュメント　人権と報道の旅』（製作・オーパス、発行・現代人文社 1997 年）がある。

資格；1968 年、運輸相より通訳案内業（英語）免許取得

【研究業績】

浅野健一の研究業績（2017 年 3 月 31 日まで、対同志社地位確認裁判で大阪高裁へ提出した書証より）は単著（記者報告 4 編を含む）20 編、共著（分担執筆を除く）5 編、学術論文 I は 92 編（うち審査付論文 12 編）　学術論文 II（報告書・短信等）188 編、学会発表 5 回である。

学術論文 I と学術論文 II の分類は以下の基準による。

1）大学等の研究機関や学会・研究会等の研究組織が発行している雑誌、もしくは研究書・研究報告として発行された雑誌に掲載されたもので 5 頁以上のもの、および著書の分担執筆を学術論文 I とし、それ以外のものは学術論文 II に分類する。

2）著書における分担執筆は、審査付き論文として扱われることが多いので、今回は審査付き論文として分類する。

3）学会が発行する雑誌（たとえば『マス・コミュニケーション研究』）に掲載されていても 5 頁未満のものは、学会誌掲載であっても短信として学術論文 II に分類する。

【ネットで公開されている講演など】

私のジャーナリズム論は、ネットで読める。声帯があった時代の講演の動画もある。

＜【IWJ_Youtube Live】18:30 ～　国民の知る権利阻む「記者クラブ」廃止！「ジャーナリスト協会」設立へ！岩上安身によるジャーナリスト浅野健一氏インタビュー

https://www.youtube.com/user/IWJMovie/videos?shelf_id=4&view=2&sort=dd&live_view=501　＞

ネット情報

　◇人報連 HP: http://www.jca.apc.org/~jimporen/

　◇浅野健一のメディア批評： http://blog.livedoor.jp/asano_kenichi/

★2014 年 4 月、同志社大学から定年延長拒否＝不当解雇で追放され、19 年 3 月 16 日、同志社大学今出川キャンパス・良心館 205 教室で最終講義を行った。「講義のタイトルは＜人民のためのジャーナリズム創成〜非戦平和の東アジア構築を目指して＞。ヒット曲「受験生ブルース」の作詞で知られる中川五郎氏（同大新聞学専攻中退）によるミニライブもあった。http://blog.livedoor.jp/asano_kenichi-support/archives/16021075.html
資料前編
http://blog.livedoor.jp/asano_kenichi-support/archives/16036001.html
資料後編
http://blog.livedoor.jp/asano_kenichi/archives/16507694.html
また、最終講義の全編動画は IWJ（萩崎茂氏撮影）にアップ。
https://iwj.co.jp/wj/open/archives/444870

★BOOKSCAN（ブックスキャン）のサイトに、＜大学とジャーナリズムが変わらなければ、日本の活字文化は滅びる＞と題したインタビュー記事。
https://www.bookscan.co.jp/interviewarticle/215/all

★2022 年 2 月 19 日、東京都千代田区のたんぽぽ舎での講座「戦時下の新聞と今のぼくら－アーサー・ビナード＆浅野健一による『ペテン学』レッスン！」 https://iwj.co.jp/wj/open/archives/502462

★2017 年 4 月 19 日、京都大学新聞社主催の講演会、京大吉田南構内、＜「いま、ジャーナリズムがおもしろい」
https://www.kyoto-up.org/archives/2631
京大での講演会の動画（公開日：2017.4.19、IWJ・萩崎茂記者）
https://iwj.co.jp/wj/open/archives/374676

★私が 10 月直近で行った種子島での講演「戦争を止めるジャーナリズムを－今のマスコミ報道は信じられるか」のレジュメ資料の全文がブログ「浅野健一のメディア批評」にアップされている。
http://blog.livedoor.jp/asano_kenichi/archives/33647166.

html
動画は IWJ に掲載。「日本の記者クラブメディアは『沈黙の罪』を抱える。日本人民は自民党と公明党の野合政権を倒し、米国憲法が保障する抵抗権（革命権）から学び、民主革命を起こすべき時」「戦争を止めるジャーナリズムを―今のマスコミ報道は信じられるか」：浅野健一氏 2023.10.9

https://iwj.co.jp/wj/open/archives/520259

★22 年 10 月 10 日に高松で行った講演での討論会でのスピーチの記録もある。

http://blog.livedoor.jp/asano_kenichi/archives/30495744.html

2 瀬戸内海放送（KSB）がニュースで、私が電気式人工喉頭を使って取材に答えた動画をオンエアしてくれた。

https://news.ksb.co.jp/article/14739287

★23 年 11 月 10 日、市民オンブズ香川（渡辺さと子事務局長）主催の＜【緊急企画！】「香川・高松の議会で今、起きていること～市民もメディアも踏ん張りどころです！～」＞で、＜浅野健一「岸田ネオファシズム政治とメディア ― 統一協会と一体の自民党の解散を＞と題して報告。

http://blog.livedoor.jp/asano_kenichi/archives/33760360.html

★2023 年 12 月 16 日、浜松の「袴田事件がわかる会」での講演。

http://blog.livedoor.jp/asano_kenichi/archives/34464056.html

★たんぽぽ舎の浅野講座

たんぽぽ舎での浅野連続講座は 2016 年 5 月に開始し、20 年 1 月まで 10 数回開催したが、私が 20 年 4 月に失声したことで、しばらく講座を休んでいた。21 年 2 月 19 日に再開第 1 回目で、米国人作家のアーサー・ビナード氏を招いた。再開第 2 回は 21 年 7 月 10 日、大阪東住吉事件の冤罪被害者、青木惠子さんが講演。第 3 回は、9 月 25 日、統一協会問題を取材してきた鈴木エイト氏が講演。第 4 回は 23 年 2 月 28 日、松山 "農業アイドル" 自死で "パワハラ" 加害を捏造された佐々木貴浩社長と代理人の渥美陽子弁護士らが講演した。

ビナードさんの講座は IWJ の公式サイト（https://iwj.co.jp/）で動画がアップされている。ハイライト版（約 15 分）は無料で視聴できる。

https://iwj.co.jp/wj/open/archives/502462
昨年12月23、25日と1月29日に「ガザと報道」で3回の連続学習会を開催しました。
12月23日の宮田律・元静岡県立大学教授のIWJ動画は；
https://iwj.co.jp/wj/open/archives/520531?fbclid=IwAR0o_CoPP1PAVlMqjW0f52UcfPmTuUFBcuD6hkKgtLAnjOHUh-g2WAcWhYq8
12月25日の第2回は、重信房子さんの動画は；
https://iwj.co.jp/wj/open/archives/520635
https://www.youtube.com/watch?v=cBLb9BY4kU0
1月29日の岡真理早稲田大学文学学術教授の動画は；
https://iwj.co.jp/wj/open/archives/521301
https://www.youtube.com/watch?v=11urxhZlU2s
3人の講演は、私のブログでも報告し、3人が会場で配布した資料全文も掲載している。
http://blog.livedoor.jp/asano_kenichi/archives/34605079.html
元特捜検事の郷原信郎弁護士2月13日、「裏金は政治資金規正法第21条2第1項が禁じる政治家個人への寄付または個人所得（所得税脱税）になっているのに、特捜部は不記載だけを問題にした」と指摘。
https://www.youtube.com/watch?v=xLtmZ4Swhmw
＜浅野健一が選ぶ講師による「人権とメディア」連続講座 緊急学習会「自民裏金とメディア」―登壇：郷原信郎氏（元検事・弁護士）ほか＞
★人権と報道・連絡会（浅野が代表世話人）のホームページ（HP）に人権と犯罪報道についての資料が多数掲載されている。
www.jca.apc.org/~jimporen/
★同志社大学社会学部メディア学科・浅野健一ゼミHP（24年9月1日に復活）http://kasano.support-asano.com/
★浅野教授の文春裁判を支援する会 http://support-asano.com/

あとがき

　私は 2015 年 9 月に『安倍政権・言論弾圧の犯罪』（社会評論社）を出して以来、単行本を出版していない。24 年 5 月、JR 水道橋から近い文京区本郷の「お茶の水ビル」にある社会評論社を訪ね、松田健二社長に新刊書を出せないかと相談したところ、「浅野さんは記者になって半世紀以上になった。私も編集・出版の仕事を初めて 50 数年になる。お互いに半世紀、出版と記者の仕事をしてきた。二人で、この間を総括する本を作ろう」と言ってくれた。私は社会評論社から 5 冊単行本を出している。

　「ジャーナリズム本は売れない」と成澤壽信現代人文社社長は言う。日本評論社の編集者だった成澤氏が 1994 年に現代人文社をつくった時から 2019 年まで私は取締役だった。かつては「NHKを斬る」「朝日新聞のウソ」などというタイトルの本を出すと、一定の購買層がいたが、新聞テレビが信頼を失った今、ほとんど興味を持たれなくなった。既成メディアは生活に必要なくなったことが大きい。こんな時代に、ジャーナリズムのあり方を問う本書を世に出してくれた松田氏に感謝する。

　24 年 9 月 5 日は私の最初の単行本である『犯罪報道の犯罪』（学陽書房、1984 年 9 月 5 日、その後に講談社・新風舎文庫、新装版『裁判員と「犯罪報道の犯罪」』＝昭和堂）が出版されて 40 年になる日だ。同書は、現役の共同通信記者で 36 歳だった私が事件報道の大転換を求めて出版した第一作だ。

　人権と報道・連絡会（代表世話人は私）、松田氏らが中心になって、＜『犯罪報道の犯罪』40 年記念シンポジウム「人権と報道の今」

＞を9月23日午後1時半から5時まで、文京区民センター3階の「3-C会議室」（定員60人）で開催してくれる。私は「実名報道主義とキシャクラブを廃止し、戦争を止めるジャーナリズムの創成を」をテーマに講演する。岡口基一・伊藤塾専任講師（元仙台高裁判事）が「裁判官30年から見た日本のメディア」を演題に記念講演してくれる。人権と犯罪報道に関わる法律家、冤罪被害者、ジャーナリストなどのリレートークもある。

　24年4月4日、裁判官弾劾裁判所は岡口判事を罷免すると判決を言い渡した。岡口氏のSNS投稿やメディア取材での発言が殺人事件遺族らを傷つけたという理由での罷免で、岡口氏の法曹資格が剥奪された。判決の翌日、司法試験受験の伊藤塾の専門講師になった岡口氏は私の取材に、「論理が破綻した判決で不当だが、何かを表現すると傷つく人が必ず出るので、個人の名誉・プライバシーなどの人格権と、表現（報道）の自由をどう調整するかの基準作りの契機にしてほしいと思った。SNSにおけるガイドラインが必要だが、メディアにはそうした議論が全く起きていない」と指摘した。

　企業メディアだけでなく、普通の市民がSNSなどで発信して、他人を傷つける時代になった。すべての市民が表現者になったわけで、他人の人権を守って表現することが求められる。もし、表現者の表現で被害者が出た場合に、個人の人格権と表現の自由について、審判する社会的仕組みが必要だ。表現の問題で、権力が介入するのを避けるためにも、社会的な統制、自律的な統制が欠かせない。世界の50数か国にはメディア責任制度がある。日本にもテレビ、新聞の放送界には、1996年に設立された「放送倫理・番組向上機構」（BPO）がある。

　シンポの後半では、フォークシンガーの中川五郎氏が友情ライ

ブ出演してくれる。中川氏は19年3月の同志社大学今出川校地烏丸キャンパス・良心館で開催された私の最終講義でも約1時間、友情ライブをしてくれた。

中川氏は1968年に同大文学部社会学科新聞学専攻（現・社会学部メディア学科）に入学。鶴見俊輔教授にあこがれて同大に入ったが、歌手活動が忙しく、鶴見氏が大学当局の機動隊導入に抗議して退職するなどしたことが原因で中退した。

私は50年以上、記者をしてきたが、一度も賞をもらったことがない。一回だけ、授賞のチャンスがあった。1985年、日本ジャーナリスト会議（JCJ）が新聞・放送・出版などにおける優れたジャーナリズムの仕事を顕彰するJCJ賞の選考委員をしていた原寿雄共同通信社総務局長から、「浅野君の『犯罪報道の犯罪』がJCJ賞（第28回・1985年）に内定していたが、選考委員の一人が最終段階で強く反対して取りやめになった」と言われた。

その選考委員は中央紙の社会部出身者で、「絶対認められない」とJCJ事務局に迫ったらしい。原氏は「他の選考委員と私は最後まで推薦したのだが、残念なことだった」と話した。JCJのホームページを見ると、1985年のJCJ賞は「該当作なし」になっている。

そのJCJ賞が2023年、最後の浅野ゼミ学生の小山美砂氏（元毎日新聞記者）に授与された。小山氏の『「黒い雨」訴訟』（集英社新書）が評価された。

『犯罪報道の犯罪』の最初の書評は、朝日新聞（84年8月25日）に掲載された。私が20年勤務した同志社大学文学部社会学科新聞学専攻（現在の社会学部メディア学科）教授だった鶴見俊輔氏が書いてくれた。同書は、日本図書館協会が85年1月、当時、「成

人の日」前に選定していた「二十歳になった時に読む本」（20 冊）に選ばれた。文庫本、新装版も含めると 20 数万販売されたと思う。

同書が契機となって人報連が 1985 年 7 月に誕生。1980 年代後半から 10 数年、報道・学会・法曹界などで、人権と犯罪報道の議論が盛んに行われたが、和歌山毒カレー、オウム、光市母子など大事件が起きて、次第に議論が消えていった。

報道界と学界における「革新」系の幹部（労使）が実名報道主義とキシャクラブ制度を擁護し、法律家の間でも「少年事件で冤罪が多いのは匿名報道だからだ」などという暴論まで登場した。JCJ 賞の授与に反対した元新聞記者の意思を受け継ぐ守旧派の流れだ。

朝日新聞を中心に「権力監視に実名は不可欠」「名前は単なる記号ではなく、その人が生きた証」という実名主義理論の登場には呆れるしかなかった。2009 年の裁判員裁判制度の導入が最後のチャンスと思ったが、人権と報道の議論は起きなかった。

8 月 11 日、産経新聞が富山県での発行を停止したという報道があった。朝日新聞が地方で夕刊を廃止したというニュースもあった。

新聞社を中途でやめる社員も増え続けている。大谷昭宏氏が TBS テレビで、数年で辞める記者について、「先輩記者、同業の記者、取材相手など、記者を続けていけば、いろんな出会いがあるから、それから考えてもいい」とコメントしていた。あなたのような"先輩"がいるから、辞めたくなるのだと画面に向かってつぶやいた。

新聞社は今も、新人記者を警察のキシャクラブに放り込み、オン・ザ・ジョブ・トレーニング（OJT）と称する記者教育をしている。

こうした記者の育て方が間違っている。

　フリーになった小山氏は、企業メディアを辞めた女性たちで新たな電子媒体を始めた。新聞・テレビを辞めた記者で、新たな報道機関をつくればおもしろいと私はずっと言ってきた。楽しみだ。

　本書は、マスメディアで働く記者たち、報道職を目指す学生、メディアの在り方に関心を持つ市民に読んでもらいたいと思って書いた。

　私は、学生時代に英字新聞記者4年、共同通信記者22年、同志社大学大学院教授20年（慶應義塾大学講師を含むと21年）、フリージャーナリスト10年半を経験した。教授時代もジャーナリストを兼ねていたので、記者生活は56年半になった。

　大学の教員時代、大学院と学部のゼミ学生や「新聞学原論」などの受講生が毎年10数人、企業メディアの記者、カメラパーソン、ディレクターなどになって活躍している。私のゼミや講義には、単位交換協定で履修する京都の他大学の学生や"潜り"と呼ばれる非正規の受講生も少なくなかった。同志社大学の履修生で一番有名なのは宮本恒晴日本サッカー協会会長（経済学部）と非常勤講師で教えた学生の宮原知子フィギュアスケート五輪選手だ。NHK、民放で活躍するアナウンサーもいる。安倍氏暗殺直後に山上徹也氏の伯父に単独取材した朝日新聞高松総局次長の武田肇氏、『南海トラフ地震の真実』著者の小沢慧一東京新聞記者も元学生（両氏とも立命館大学卒）だ。

　元学生で新聞・通信社、ラジオ・テレビ局に就職した記者でメンタルを病む人もかなりいる。体が頑丈で、気も強いと思っていた学生が意外と罹患する。東京紙の記者になって支局に勤務していた元学生は警察取材の過労が原因で苦しんだ。テレビ局の報道

部でパニックを起こして退社した人もいる。男性の元ゼミ生は、夜回り先の捜査関係者に「こういうくだらない取材をやめろ。浅野健一の『犯罪報道の犯罪』を読め」と諭された後、追い詰められていった。

　私が同志社大学から解雇された時の最後のゼミ生（潜り）だった法学部政治学科学生（女性）は14年に東京紙に入り、宇都宮支局で冤罪・今市事件の裁判を担当した後、県警キャップを務めた後、記者を辞めた。

　今市事件は2005年12月に栃木県今市市（現日光市）の大沢小1年生の女児が下校途中に同級生と別れた後、行方不明になり、翌日、茨城県常陸大宮市の山林で、遺体で発見された事件。約8年後の14年1月、栃木県警は勝又拓哉氏（台湾生まれで小学5年生の時に来日、当時31歳）と母親を「別件」の商標法違反容疑で逮捕。2月に同事件で起訴された。その後、4月17日、地元紙・下野新聞が一面トップで「今市事件　関与を自供」と報道。栃木、茨城両県警の合同捜査本部が6月、殺人容疑で逮捕。各社は拉致や殺害の状況を詳細に「自白」したと報道。宇都宮地裁（松原里美裁判長、水上周右陪席裁判官、横山寛左陪席裁判官、裁判員6名）は16年6月、無期懲役の判決。無期懲役の判決が最高裁で確定（20年）した。

　勝又氏は家族らの支援を受けて、千葉刑務所から再審請求をしている。私は22年7月、千葉刑務所で、初めて面会した。
元ゼミ生は15年3月13日メールで、「法廷で見せた録音録画に、自白の任意性が守られていない場面は多々ある。ぜひ先生にも見てほしい。まわりの記者は、被告が自白する場面をみて『絶対やっていると思った』と興奮気味に言うのだが、記者がそんなことを言っていていいのかと憤りを感じた」と書いてきた。

このほか、「実際はやっているが、証拠がないので無罪になるかもしれないので、無罪原稿を用意している」という記者もいたという。

この事件は冤罪事件に共通する特徴をすべて持っている。犯行につながる物証がゼロ、別件逮捕、代用監獄での長期勾留中の「自白」強要、杜撰な「科学捜査」、特定メディアへの供述リークなどだ。男性は小学校卒業まで台湾で育ち、来日後にほとんど学校へ通っておらず、今も日本語が不自由であり、当局による誘導・操作が容易な社会的弱者・マイノリティだった。

元ゼミ生の先輩、毎日新聞宇都宮支局の野口麗子記者は16年4月15日の＜記者の目＞で「栃木女児殺害　被告に有罪判決」と題した記事を書いた。野口氏は「法廷で初めて勝又被告を見たのは今年1月29日。殺人罪の審理に入る前の別件での裁判だった。背中を丸め、声も小さく、気弱な印象だった」「（映像を見て）このまま解放して、もししゃべられたら家族が困るから殺すしかない」。泣きながらこう語る様子は、いつもの無表情な被告とは違った。内容が具体的で真実味を帯びていると感じた」などと書いた。

この記事には〈録音・録画頼みの危うさ〉という横見出しもあるが、この記事こそ「不完全な可視化」に洗脳された危うい論評だと思う。「記者の目」ではなく、有罪を出した裁判官・裁判員、検察官・警察官の目に近い。

大手メディアの記者たちは松原裁判長らと同様に、別件逮捕を悪いと思っていなかった。有罪が確定するまではinnocent（無罪）を推定されるという権利がある。検察が疑いの余地なく犯人であるという証明ができない限り、有罪にはできないのだ。和歌山カレー事件で書いたが、「疑わしきは罰せず」は被告人が疑わしい

あとがき

161

かどうかではなく、検察側の立証に疑問点があるかどうかを問題にした法理だ。日本の記者の多くは、この法理の真の意味を理解していない。

カレー事件のところで書いたが、「やっているかどうか」を裁判確定前に記者が云々することが間違っている。刑事事件で真実を究明したいなら、記者を辞めて司法資格をとるべきだろう。

14年4月に下野新聞が「自白」報道をした後、ゼミの元学生が休日に県内の事件関係の場所をマイカーで案内してくれた。私は県警本部の広報官2人に面談取材した。その間、元学生は車の中で待っていた。約2時間後、支局長から元学生に電話が入った。「県警広報課から、県警キャップに、『おまえとこのQ記者が、浅野という教授を県警に連れてきた』と警告した。注意しろよ」。県警キャップは「手引きはいかんだろう」と元学生に注意した。県警は記者の動きを監視している。私が誰の車で来たかを盗み見しているのだ。元学生は支局に呼び出され、40分注意を受けた。休日に元ゼミ教授を車で案内したのを問題にする。県警に言われて、右往左往し、記者を叱責するような新聞社が警察を監視できるのか。海外の人が聞いたらひっくり返るぐらい驚くだろう。

元学生から、メールが来た。〈「疑わしきは罰せず」の大原則は自分の中にすり込まれていたはずなのだが、傍聴しているうちに少しずつ毒されていたかもしれない。被害者家族の気持ちを考えると「真相が明らかになってほしい」という思いはあるが、それを法廷に求めるのは違う。浅野先生に教えていただいたことをもう一度おさらいしてみたい〉

この元学生は、私の話を聞いて、冤罪の可能性を強く認識していた。しかし、16年3月下旬から連絡が途絶えた。判決の日にはほとんど目も合わせなかった。

あとがき

　元学生から連絡が途絶えた。元学生は新聞社を辞めたと聞いた。彼女の同期の元ゼミ生で共同通信に入った女性も４年で退社した。二人とは全く連絡が取れない。

　記者仲間や元学生が精神疾患を患った時、精神医学の権威でノンフィクション作家の野田正彰元関西学院大学教授に相談してきた。野田氏がパートで勤務していたクリニックで診察してもらったことも多い。野田氏は「兄が大阪の大手新聞社の販売担当の役員をしていたこともあり、新聞社の社員のメンタルの相談をよく受けた。記者には精神疾患に罹る人が多い。仕事を辞めれば、すぐに治るケースも多いが、記者が生きがいの人は辞めない」と指摘している。

　入社前から死刑廃止、反原発の勉強会に来ていた共同通信の後輩記者は、社会部と支局の上司からパワハラを受けて自死した。神戸新聞から朝日新聞に移った大阪の記者は自死した。東京紙の知り合いの記者も自ら命を絶った。彼や彼女たちのことをいつも考える。

　全国の警察官は警察のキシャクラブに放り込まれる社員記者たちを自分たちの手ごまのように扱っている。湖東病院事件の取材で訪ねた滋賀県警の共同通信の後輩記者に本と資料を渡そうとしたら、県警クラブにいなかった。県警の広報担当者に話すと、『預かってあげる』と言って、共同の記者の携帯に電話して、『○○ちゃん』と呼んで連絡していた。彼は、記者の携帯番号を全部知っているのを自慢した。

　鳥取県警では、広報官が元ゼミ生の女性記者のスリーサイズを聞いている。「下着をプレゼントする」ためで、ほとんどの記者がもらって捨てているという。元ゼミ生の記者はこれに抗議したが、会社の上司や先輩から「それぐらいはがまんしろ」と言われ

た。それに絶望した。セクハラも日常茶飯事だった。1年半で記者を辞めた。

　なぜ、報道職の人たちが精神的に苦しみ、中途退社する記者が多いのかを考えると、日本の企業メディアで働く生きがいがないからだと思う。行政・立法権力を握る政治家、官僚の刑法違反嫌疑や倫理違反はなかなか報道できず、警察・検察に逮捕された被疑者、死亡した被害者には「表現の自由」を振りかざして居丈高に振る舞う。そういう姿勢が、報道現場を歪め、中で働く労働者の心を蝕んでいるのだと思う。

　権力者にも無罪の推定があるが、権力者の職務上の嫌疑がある場合は、捜査当局が逮捕しない場合でも、勇気を持ってメディアスクラムを組んで取材すべきだ。行政権力を監視できるのはジャーナリズムしかない。権力者には弁護士を雇い、反論する力もある。疑惑があれば、当局が動かなくても、人民の知る権利をバックに、調査報道すべきだ。

　私が40年前に、『犯罪報道の犯罪』で訴えたのは、ジャーナリズムの主な仕事は権力の監視であり、メディアが動かなくても司法が対応する一般刑事事件の取材報道のエネルギーを権力監視の取材報道に振り向けようという現場からの叫びだった。

　そうしなければ、報道機関は人民の信頼を失い、産業としても衰退するという危機感もあった。私の人権と犯罪報道の大転換の呼び掛けを無いものにしてきた、日本の報道界はもう一度、1980年代の議論に立ち戻ってほしいと願う。

　24年7月1日、札幌のさっぽろ自由学校・遊の学習会で講演した。メディア・アンビシャスとJCJ北海道が共催した。会場の愛生舘サロンは満席状態だった。AI音声で、「なぜ日本では

ジャーナリズムが機能しないのか」について講演。パワーポイントを上映。「安倍政権が新聞界と組んだ新聞軽減税率を廃止し、消費税をゼロまたは大幅に下げるべきです。次の国政選挙で、自民、公明、維新、国民、参政の5党派には投票しないことが、日本の民主化の第一歩だ」と最後に訴えた。休憩後に活発な質疑応答があった。会場では、私の過去の記事や、同志社大学浅野ゼミのジャーナル（年1回発行）を展示した。

　学習会の最後の主催者挨拶で、「浅野さんの今日の講演を聞いたみなさんは、マスコミは絶望的と受けとったと思うが。マスコミの中には頑張っている記者もいることを知ってほしい」という趣旨の見解が表明された。

　大学の私の講義を1年間聞いた学生にも、「マスコミ業界に就職するのをやめた」という学生がいたが、一方で「マスコミを改革したい。先生と一緒に内部から変えていく」とメディアへ就職する学生もかなりいた。最後のゼミ生の小山さんがその一人だ。私自身も講演で、もう一度大学生に戻っても再び共同通信を受けると述べた。

　私は最後に「主催者挨拶について、私の仕事の本質に関わることなどで、一言述べたい。『浅野はマスコミを批判するばかりだ』『マスコミの中に多くの良心派がおり、現場で頑張っている』という見解は、的外れだ。私の52年間の仕事、著作をきちんと読んでくれればわかると思う」と述べた。

　別のスタッフは「会場は予想していたよりも多くの方の参加があり、よかった。AI読み上げや電気喉頭など、私たちには初めての試みだった」と言ってくれた。「浅野さんが元気でよかった」と言ってきた参加者もいて嬉しかった。

　23年12月、再審袴田事件の学習会で講演した時は、地元の

メディア記者が約 10 人来てくれ、意見交換した。記者の中に、同志社大学で私の講義を履修し、ゼミにも特別参加した元学生もいた。

　主催者の浜松の市民団体の代表は、「人権と報道」の過去の議論を知らない現場記者に対し、講演会に来てほしいと呼び掛けていた。

　2011 年に起きた「3・11」東電福島第一原発事件は、日本の政治経済社会構造の大変革を迫ったと思う。11 年 3 月 11 日夕に出た原子力緊急事態宣言は今も発令されたままだ。ところが、12 年 12 月 26 日、安倍晋三第二次政権が発足し、続く "安倍傀儡" の菅義偉・岸田文雄両首相によって、脱原発の方針が放棄されてきた。岸田政権は 10 基を再稼働。23 年 8 月の GX 実行会議で今夏以降、さらに設置変更許可済みの 7 基の再稼働を進めることで、計 17 基の稼働体制を構築すると提示。3 月 12 日に関西電力大飯発電所 3 号機の定期検査が終了し、営業運転を開始。9 基が同時期に稼働する状況になった。

　原発が再稼働し、原発の新規開発まで強行しようとしている。キシャクラブメディアは、東電の放射能汚染水の海洋放出を「処理水」と言い換え、中国だけが反対しているかのように捏造報道をしている。"新・原発安全神話" が完全復活している。

　巨額の軍事費を投入して「ミサイル防衛」をしても、日本海（東海）に林立する原発を攻撃されたらおしまいだ。

　安倍氏は 20 年 9 月 16 日まで権力を握り、日本の軍事化を進めた。教育基本法改悪、特別秘密保護法、集団的自衛権容認、侵略戦争法などの悪法を次々と強行成立させ、日米軍事同盟強化を邁進。国内で経済格差を拡大し、人民を困窮化した戦後最悪の極

右・日本会議・靖国派の頭目だった。安倍氏は統一協会＝国際勝共連合と祖父・岸信介氏（元Ａ級戦犯被疑者）の時代から、三代にわたってズブズブの関係にあった。

23年11月に発覚した自民党派閥パーティー裏金疑獄事件でも、安倍氏が元凶であることが明らかになった。"お金にクリーン"な安倍氏が、違法な裏金作りを止めようと提案したと報じているのは不正確だ。

私は、日本の"臣民社会"の左右勢力から批判され、パージされてきた。「マスコミを批判しすぎる」のが理由のようだが、どういう手続きで排除したのか、何度聞いても回答しない。適正手続きの保証がないのが、日本の左翼、反政府運動だ。

共同通信の記者時代に、共同通信労組内で犯罪報道の改革を訴え、月200時間以上の過勤（青天井で残業手当支給）が普通の警察取材を止めるべきと提案したら、社会部と組合執行部にいる共産党＝民青の党員・シンパから人事面で弾圧された。学生時代から、冤罪・狭山闘争、三里塚空港反対闘争、部落解放運動、反原発運動に敵対し、「社会主義国の核兵器には反対しない」という共産党の方針（大学3年生の時、政策変更）に疑問を持っていた。共産党系ではない左翼運動に対し、「トロツキスト暴力主義集団」「過激派学生」などとレッテルを貼るのに強い違和感があった。

半世紀たって、再び、既成の「左翼・革新」「リベラル」活動家との闘いの時代になった感じがしている。日本共産党が21年7月の参院選で、日本の国民が「中国、北朝鮮」の軍事的脅威に不安を感じるのは理解できるとして、「急迫不正の主権侵害の際には自衛隊を活用する」とまで言い出し、共産党系の知識人が実名報道主義とキシャクラブ制度の擁護で、私を排斥してきた。私が主に書く場は、人民新聞、救援連絡センター機関紙「救援」と、

朝鮮総連機関紙の朝鮮新報、鹿砦社「紙の爆弾」だけになった。

　高校生の時代から、社会党が提唱した非武装中立主義、非暴力抵抗運動を支持している。コミュニズムを自由な諸個人の連合する共同体の実現と捉え、国家の死滅を目指したい。

　日本が半世紀に及ぶアジア太平洋諸国への侵略・強制占領の末に自己崩壊した3年後の1948年に神道の家系の家に生まれ、46歳の時にキリスト教信者になった私は、今、孫たちの世代の若者のために、アジア太平洋諸国の人民と共生できる日本を残したいと思っている。

　4年前に大手術を受けて命を延ばすことができた私は、ジャーナリズムは侵略戦争を止めるために存在すると信じ、今後も前進したい。

　最近、元岩波書店の編集者が新たな出版社を立ち上げ、話題になっているが、事件事故報道のガイドライン、キシャクラブ制度について、まったく触れない媒体では、ジャーナリズムの新たな地平は切り拓けないと言っておきたい。

　私は40年前、『犯罪報道の犯罪』で、事件事故で当事者になった普通の市民を晒し者にして私刑を加える一方、政治家、高級官僚、経済人などは仮名にして取材報道を怠る企業メディアは人民から見放され、権力と人民から挟み撃ちに遭うと警告した。当時は、北村肇新聞労連委員長や日弁連・刑法学者などが私の提唱した匿名報道主義とメディア責任制度（統一倫理綱領制定・報道評議会設置など）に賛同してくれ、メディア改革の議論が活発に展開された。

　ところが、オウム事件などの後、報道界（労使）は「被疑者・被害者の名前は単なる記号ではなくその人が生きた証」「権力監

視のため実名は不可欠」などと主張し、「微罪でも実名」「少年も凶悪事件では実名」という流れが強まり、今日に至っている。

1984年から10数年続いた、「人権と報道」の議論がまるでなかったような現状だ。40歳以下のほとんどの記者、法律家は私の名前も主張も知らない。本書発行と9・23シンポを、メディアの民主化、人民の知る権利を代行し、権力を監視するジャーナリズム創成の機会としたいと思う。19年3月の同大最終講義、今年3月の同大解雇10年シンポでの講演に続いて、マスメディア労働者、ジャーナリスト志望学生にも訴える。

私は共同通信では、原寿雄総務局長が強行した地方支局の嘱託記者解雇などの合理化に反対し、犯罪報道の改革を訴えたため、「俺の目の黒いうちは本社にあげない」（原氏）と人事差別を受け、同期より8年遅れで本社へ異動。編集局ではなくラジオ・テレビ局で6年。『犯罪報道の犯罪』で社内の雰囲気が激変し1986年に希望の外信部へ。

1987年、カンボジア（当時プノンペン政権）へUNICEFスタディツアーの一員として参加。89〜92年、ジャカルタ支局長。92年7月にインドネシア政府から記者ビザ更新拒否＝追放処分。背後に日本大使館、大手メディア特派員たち、ジャカルタ駐在の経済人がいた。人権・環境問題の取材・報道。

インドネシアからの追放通告（92年4月）のころ、日本ではPKO法案を論議。岩波文化人が「世界」に発表した「国連なら自衛隊派遣ＯＫ」の平和基本法構想を批判。インドネシアの主要閣僚にインタビューした。同年3月は旧日本帝国軍のジャワ侵攻50周年だった。　このままでは自衛隊派兵が始まり、『日本は世界の敵になる』（三一書房）と予測した。

新自由主義者の小泉純一郎・竹中平蔵両氏らが政治を支え、日本をぶち壊した。格差の拡大、偏狭なナショナリズムが蔓延。二度目の政権になった安倍晋三政治は、過去の侵略の歴史に無知なミニシンゾーの日本人に支えられ、今日に至っている。

1931年の「9・18」は日本軍（関東軍）が満州鉄道を爆破し、事件を中国の「匪賊」（ゲリラ）がやったと見せかけた謀略事件だった。事件は15年にわたる日中戦争、つまり中国人民の抗日闘争の始まりの日である。日帝は東南アジアに侵攻し米英との戦争を始めたが、日帝が崩壊したのは、日中戦争に敗北したためである。

詳しくは拙著『天皇の記者たち大新聞のアジア侵略』（スリーエーネットワーク）のエピローグを読んでほしいが、当時の大新聞と通信社は、現場での取材をもとに、日本軍が事件を捏造したことを知り、東京に記事を送ったのに、本社がボツにして、事件の責任が「支那にあることは疑う余地がない」（1931年9月19日付東京朝日新聞）と断定し、「悪鬼の如き支那暴兵！我軍出動遂に掃討」（10月15日付東京日日新聞）などと扇動した。その後、新聞各紙は軍の謀略の広報機関に成り下がり、軍国主義を鼓舞した。

故西山武典・元共同通信編集主幹は、「柳条湖事件の真実を伝えていれば、その後の歴史は変わっていた」と私に話した。

日本のキシャクラブメディアは、81年前の教訓から学ぼうともせず、いつか来た道を、今度は米国と共謀して歩んでいるのではないか。

柳条湖事件の報道を検証した西山氏は、当時の日本メディアの特派員は関東軍の謀略と気付きながら軍の発表に従い「支那正規兵が爆破」と伝え、軍国熱を煽っていったと振り返った。同事件

あとがき

から81年後に 領土問題で、日本のメディアは真実を再び隠蔽したと言っても過言ではない。

　2009年の裁判員裁判制度の導入が最後のチャンスだと思ったが、報道界は法規制を回避するために、予断を与えない報道を誓約したが、まったく実行されず、犯罪報道は1980年代より悪化、劣化し、凶悪事件では18・19歳の少年も「実名」という少年法「改正」が受け入れられている。

　私人が逮捕されたら晒し刑を受けるのに、逮捕されない政治家・警察官・マスコミ社員らは仮名が原則だ。朝日新聞は、賭けマージャン司法記者3人（朝日と産経）、菅義偉首相の長男の正剛氏、西山美香さんに自白を迫った刑事、大川原化工機事件で違法起訴の検事などの実名を書いていない。

　鹿児島県警本部長の犯人隠匿を内部告発した県警の前生活安全部長はキシャクラブメディアではなく札幌の雑誌記者にリークした。沖縄県警などが県警クラブで広報しない米兵による強かん事件は半年以上も隠蔽された。キシャクラブメディアの記者が権力を監視しているというのはまったくの偽装だ。東京の大企業メディア社員は、ジャーナリストというより、まさに国家公務員1種（報道職）のようではないかと思っている。

　新聞、テレビなどの既成メディアの影響力が大きい。新聞、テレビを民主化し、人民によるネット・SNSなどを使った新たな媒体をつくることの両方が求められる。

　本書を読んだメディア労働者、市民が日本におけるメディアの民主化に向けて行動してくれることを望んでいる。

生涯一記者　権力監視のジャーナリズム提言

2024 年 9 月 20 日　初版第 1 刷発行

著　者　浅野健一
発行人　松田健二
発行所　株式会社 社会評論社
　　　　東京都文京区本郷 2-3-10
　　　　　tel.03-3814-3861　Fax.03-3818-2808
　　　　　http://www.shahyo.com

装幀組版　Luna エディット .LLC
印刷製本　倉敷印刷 株式会社

JPCA
日本出版著作権協会
http://www.jpca.jp.net/

本書は日本出版著作権協会（JPCA）が委託管理する著作物です。
複写（コピー）・複製、その他著作物の利用については、事前に
日本出版著作権協会（電話03-3812-9424，　info@jpca.jp.net ）
の許諾を得てください。